Le Cardinal d'Espagne

Henry de Montherlant

Le Cardinal d'Espagne

Edited by

Robert B. Johnson
Patricia J. Johnson

University of Massachusetts, Amherst

Houghton Mifflin Company   Boston
New York   Atlanta   Geneva, Illinois   Dallas   Palo Alto

Cover design and frontispiece by
Franz Altschuler

Printed in the U.S.A.

Library of Congress Number 72–177496

I.S.B.N. 0–395–12743–2

Table of Contents

Foreword

This first American edition of *Le Cardinal d'Espagne* is addressed to both college and secondary-school students who have already attained an intermediate level of proficiency in the French language. Of course, the questionnaires and the subjects for essays and special study will permit all students to continue   5
to improve their linguistic skills to a measurable degree, and will at the same time serve as a guide to the play's aesthetic values.

Le Cardinal d'Espagne is essentially a play about identity, and it thus treats a universal human dilemma belonging to no single generation, nor to any fad of the moment. In its largest   10
focus, the drama poses several pertinent questions. Who am I? What is the sense of what I do? Are the values of my life an illusion? If they are an illusion, should I destroy my past and reconstruct new values? Are values themselves an illusion? On a less metaphysical level, the play asks other important ques-   15
tions. Is it possible to fix one's vision on heaven while directly committed to earthly affairs, or to live humanistic dreams and be at the same time an effective political creature?

Montherlant's play, complete in this edition, may then be studied primarily as a contemporary expression of ideas, with   20
the theater as its vehicle, and as a rich example of a style able to convey those ideas with art and discipline.

Henry de Montherlant joins Albert Camus and Eugène Ionesco as one of the few French writers to compose a special *avant-propos* for American editions of their works. Monther-   25
lant's remarks underline the essential meaning of his drama without deflecting attention from numerous other problems of interpretation that the play inevitably evokes. In balance with his concise statement are the prefatory remarks, the "Post-face," and the two most important notes ("La «Dureté» de   30
Cisneros" and "Les Deux Pourpres") contained as notes III and IV in the 1960 Gallimard edition of the play. Omitted from this

edition are two notes of rather special interest to advanced students and the lengthy "Références historiques," more directly
of interest to those concerned with the exactness of historical
parallel and verisimilitude. The elimination of these portions in
5 no way vitiates the force of the drama, which the French would
call "une pièce bien faite," nor obfuscates an understanding of
Cardinal Cisneros moving in a quasi-historical framework.

  The bibliography sets forth Montherlant's major works
listed according to genre, together with a very brief selection of
10 critical volumes appropriate for an understanding of Montherlant's principal ideas and especially of his concepts of the
drama. Elliott's *Imperial Spain* will do much to clarify the entire
spirit of a people during the crucial period 1469 to 1716; it has
the additional merit of offering a valuable critical bibliography
15 of works touching on all aspects of the Spanish Empire. Father
López de Toro's acceptance speech before the Real Academia de
la Historia, so often mentioned by Montherlant, may serve some
readers to gain a twentieth-century view of Cisneros as offered
by a Spanish priest who is also a serious historian.

20   We should like to take this opportunity to express pub-
licly our thanks to Monsieur Henry de Montherlant for his
avant-propos written for this edition. We are also indebted to
our colleague, Mr. Gilles Six, for his cautious Norman scrutiny
of our notes, questionnaire, and suggestions for compositions.

RBJ
PJJ

A Brief Note on the Life of Montherlant

Henry de Montherlant was born on April 21, 1896, the son of two distinguished parents: his father was Joseph Millon de Montherlant, and his mother was Marguerite Camusat de Riancey. His early schooling consisted of a brief moment at the Lycée Janson-de-Sailly and later he studied privately with priests. The years 1907–1910 found him in the Catholic Ecole Saint-Pierre and, in 1911, in the Ecole Sainte-Croix de Neuilly. After passing his *baccalauréat* in 1912, Montherlant entered the Institut Catholique in Paris for law studies, but discontinued them in 1913. This early period of schooling may be characterized by his sense of alienation from the society in which his family moved, by an intense interest in writing, by few but strong friendships, and by the world of the stadium. His interest in the bullring began around 1909; he fought a bull in Spain in 1911; his fascination for sports in general spans the period of his schooling until 1924; his own participation in sports ended at about that time. Moreover, his literary career was about to begin, and some of his early works reflect this first part of his life: *Les Olympiques* appeared in 1924 at the time of the Olympic Games in Paris.

World War I's intervention found Montherlant an auxiliary officer at the front, where he was wounded, served briefly as an interpreter for the American forces, and gained an experience that would inspire his play *L'Exil* (written in 1914) and the novel *Le Songe* (1922), as well as the essays of *La Relève du matin* (1920). Montherlant chose to spend the years 1925–1935 wandering in Africa and in Europe, especially in Spain, where he assimilated the sense of Mediterranean cultures, together with a complex mystique of the pagan past. To grasp Montherlant's evolving identity, as well as his concepts of man's condition, one should read the principal works they inspired: *Les Bestiaires* (1926), a novel comparable to Hemingway's treatment of the bullring; the key essays of *Aux fontaines du désir* (1927); and the brief dramatic piece, *Pasiphaé* (1928).

5   The first literary honors came to Montherlant with the publication, in 1934, of *Les Célibataires,* which earned for him the French Academy's Grand Prix de Littérature as well as England's Northcliffe-Heineman Prize for Literature. This novel also marked a change from a lyrical literature of autobiograph-
10 ical concept to one far more objective and universal in scope. The tetralogy of *Les Jeunes Filles* (1936–1939) caused a furor among readers and critics, largely because they understood the works to be a general attack on women rather than a calculated attack on certain types of women; these works nonetheless
15 established an unfortunate notoriety that has long since been dissipated by Montherlant himself, as well as by careful readers. His last novel, *Le Chaos et la nuit* (1963), closes a gap filled with numerous volumes of essays, *carnets,* and most especially with Montherlant's finest works, the plays.

20   Montherlant possessed a sense of good theater at an early age and delayed production because his first work, *L'Exil,* presented problems of autobiography; also, he undoubtedly did not yet know fully the extent of his strength as dramatist. *La Reine morte* (1942) established his deserved reputation in the
25 genre of the "historical" drama. It was followed by singularly distinguished plays: *Malatesta* (1946), *Le Maître de Santiago* (1947), *Port-Royal* (1954), *Le Cardinal d'Espagne* (1960), and *La Guerre civile* (1965). Yet, he devoted his talent to contemporary themes as well: *Fils de personne* (1943) and *Demain il*
30 *fera jour* (a sequel play, 1949), *Un Incompris* (1943), *Celles qu'on prend dans ses bras* (1950), *Brocéliande* (1956). His *La Ville dont le prince est un enfant* (1951) was recently performed during the Paris theater season.

     Despite his membership in the Académie Française (1963),
35 Montherlant remains in his own way alien to the Tout-Paris to which he might properly belong by right of family and by dint of his literary labor. He has chosen a solitary road to follow but has never swerved from his devotion to excellence in literature nor from his convictions concerning man's condition on
40 earth.

Introduction

Drama as a Deformation of History

Henry de Montherlant is not the first dramatist to rearrange historical figures, dates, settings, and events in order to achieve both personal artistic goals as well as a dramatic verisimilitude. Were we more immediately attached to the historical matter of 16th century Renaissance Spain, from which sprang *Le Cardinal* 5 *d'Espagne,* we would undoubtedly rebel at Montherlant's aesthetic manipulations, at the obvious omissions and additions, and at his seemingly cavalier treatment of essential fact, just as we might well rebel at a chess game somehow countermanding the rules. But we are remote from the Spain of Cisneros the 10 Cardinal and Cisneros the statesman: *Le Cardinal d'Espagne* in Montherlant's supple hands nonetheless displays the form and the spirit of the Spanish Renaissance. Moreover, the play's personages are genuinely Spanish rather than French, with an authenticity rarely evident in much of the literature that has at- 15 tempted to portray the Hispanic spirit; the entire drama, finally, serves as an accurate reflection of an era of tremendous human energy and accomplishment.

The unification of much of the Iberian peninsula under the leadership of "los Reyes Católicos," Ferdinand and Isabella, 20 their vast secular and religious reforms, their expansion into the Americas and Africa, and their aspirations toward grander humanistic endeavor, constitute a vital movement toward a national grandeur worthy of our attention today. Indeed, the problem for any literature, and especially for the drama, is to repro- 25 duce effectively but with discipline the flavor of such a rich and complex age. Aware of Spain's political, religious, and humanistic development, Montherlant wisely chooses to narrow his scope and to portray one Renaissance man, Cisneros, whom

he treats not only as a servant of Church and Empire, but also
—and more importantly—as a man. A connaisseur of the European Renaissance since early youth, knowledgeable of the
Spanish national character, although the better term is perhaps
5 "mystique," Montherlant prefers to follow his natural desire
to retrace within the framework of three acts a portion of the
moral ambiance of 16th century Spain, as well as the inevitable
moral dilemma of a man irrevocably bound to his age. His
psychological study forces us in the 20th century to look back
10 upon a human being moving often with cautious steps in an era
known for its solidity and its instability, for its great works and
its ruthlessness. Montherlant's Renaissance man, whether depicted in his *Malatesta,* in *Le Maître de Santiago,* or in *Le Cardinal d'Espagne,* is both at odds with life and harmoniously a
15 part of it.

His careful elucidation of his protagonist's character, however, is less an exercise in factual deformation than a skillful
attempt to portray human reality—not only a Renaissance reality—resolving itself into a universal reality whose meaning be-
20 comes immediately urgent. Montherlant's method is sound and
respectable, for he has always forearmed himself with careful
documentation that not only promises an accurate portrayal of
both hero and the hero's age, but he also reproduces conversa-
tions, scenes, and events whenever they are needed. A similar
25 professional approach to truth permitted him to display in *Port-
Royal* a genuine historicity, despite minor factual changes, capable of bringing to life the entire spirit of the troubled convent
in its struggle against the hostilities of Pope and King. In the
final analysis, we are undoubtedly closer to the worth of Mon-
30 therlant's creativity in thinking less of historical deformation
than in considering the very particular needs of good theater:
drama by its very nature insists upon deformations of character, of language, and even of décor, in order to achieve verisimilitude: one of Montherlant's major skills is that of breathing
35 life into humans dulled by history books.

Cisneros as Montherlantian Hero

Had Cardinal Francisco Ximénez de Cisneros (1436–1517) not existed in history, Montherlant might well have invented him. It is not merely a question of the playwright's intense fascination with a Spanish mystique, of his search for the wellsprings of Spanish character, or even of his predilection for an Iberian vision of mankind, although these matters have been treated in many of his essays and *Carnets*, as well as in two major novels (*Les Bestiaires, Le Chaos et la nuit*) and in an *historiette* (*La Petite Infante de Castille*). These works express Montherlant's *hispanidad*, his Spanishness. Yet, to examine only the Spanish mystique limits an understanding of Montherlant's interests and aims: the writing of his entire lifetime is concerned with the "universal man" first defined in an early essay entitled "Syncrétisme et alternance" (1926). Briefly, such a man is a supremely multifaceted being capable of total involvement with life, drawn both to what we term good and evil—but Montherlant rejects all such moralistic adjectives—to war and love, to self-interest and magnanimity, to attachment and indifference. Montherlant affirms that the contradictions and the possibilities of such a human animal are limitless. He protests when we, as observers and critics of the human condition, attempt to assign such labels as just, unjust, or right and wrong, to such a creature he deems totally vital, remote both from the patina of civilization and the moral warping of progress. Montherlant places mediocrity at the lowest level of the human scale, and he assigns a rather large portion of humanity to that low level. In his own scale of values, or *morale*, Montherlant raises to grandeur only a few individuals naturally inclined to exist with complete vitality, men who are willing to do battle with mediocrity in others, for mediocrity is essentially treasonable, and the theme of treason dominates Montherlant's works.[1] Indeed, all of his dramatic heroes display, whether as hero or anti-hero,

[1] Treason as a portion of the human condition may well be judged a Montherlantian enlargement of its treatment by Dante in *The Divine Comedy*. Curiously, Camus, who for a long time was influenced by Montherlant, studies in an identical way the theme of treason in *La Chute* (1956), although Camus does not prepare his readers for Montherlantian conclusions.

aspects of human grandeur; they are complex men often standing larger than life, in constant struggle with men and events.
Despite their natural nobility and their will to dominate, however, they display consciously or unconsciously that portion of
⁵ fragility and of instability that holds them in our focus. In his
attempt to seek out the best examples of his universal man,
Montherlant found him in sensual and pagan Mediterranean
cultures, in Crete and Rome, and finally, because of its stature
in the Roman Empire, in Spain. Curiously, he has never consid-
¹⁰ ered France, save perhaps for the Camargue (partly bathed by
the Mediterranean Sea), worthy of inclusion in his domains of
grandeur. Elsewhere the debilitating veneer of northern civiliza-
tions poses a constant threat to the grandeur he champions.

Montherlant's universal man, of seemingly limitless scope,
¹⁵ and for whom "tout est vrai," nevertheless moves in a world
without fulfillment. Conscious of perfection and of all the possibilities of beauty and virtue, he is held victim by his fellow
man who, engulfed in mediocrity, meanders through a meaningless existence closely akin to the *absurde* toward an inevitable
²⁰ death Montherlant terms *le néant*. Harmony, love, peace, virtue
—to name but a few aspects of man's possible aspirations—are
undoubtedly portions of an idealism alien to life. The Montherlantian hero, filled with romantic hope and bravura in the early
works, gradually evolves in later works to become either a
²⁵ struggling sceptic or else a despairing nihilist. In his plays about
Christianity, it is unwise to anticipate an ultimate spiritual glory
for his heroes, for Montherlant, long disenchanted with his
Catholic faith—yet still bound to his Church emotionally and
intellectually—finds that life is a chaos whose final limit is noth-
³⁰ ingness. In a very real sense, the author of *Le Cardinal d'Espagne* is concerned deeply and irrevocably with man's condition
in life, but he offers no hopeful solution for either life or death.
Montherlant's works, especially those of his mature years, reflect a deep and personal pessimism far more profound than
³⁵ that of La Rochefoucauld. If Montherlant is not a Catholic in
the complete sense of the term, he surely regrets that he is not:
how else may one explain his devotion to Catholic figures in
major dramatic portrayals, his life-long admiration of aspects

of the Jansenist ideal, and his continued association with highly placed members of the clergy?[2]

To portray scepticism, doubt, nihilism and the *absurde*, Montherlant could scarcely have done better than to examine Cisneros, a man at once fragile and austere, penitent and cruel, [5] torn between an intense desire to withdraw and a will to rule. The Spanish historian, Fr. José López de Toro, describes Cisneros as "tenacious and flexible, paternalistic and severe, indomitable and humble, aloof and protective, spotless with respect to his faith and inclined to believe in superstitions, crude [10] and refined, warlike and peaceful, distrustful and believing; in a word . . . an antithesis in the face of any thesis. . . ."[3] Montherlant correctly adds to these contradictions by noting that Cisneros was "fier, ambitieux, vindicatif, trop attaché à son sens, et d'une mélancolie si profonde qu'il en était souvent à [15] charge à lui et aux autres." Such contradictions—a term much used by Fr. López de Toro—are portions of the universal man that Montherlant had already created in his own works.

Cisneros as Historical Figure

Histories of the period in which Cisneros lived, as well as accounts about the Cardinal himself, are not entirely complete, [20] and what emerges as apparent fact bears the quality of legend. In brief, Cardinal Cisneros began his devotion to the Church in Toledo as a Franciscan monk (1484)—in an order termed strict—and rose quickly to become confessor to Queen Isabella (1492), provincial of his order (1494), and the instigator [25] of reforms not only of Franciscans but also of other religious orders. He was elevated in 1495 to the position of Archbishop of Toledo, Primate of Spain, and Grand Chancellor of Castile.

---

[2] Like Blaise Pascal, defender of Jansenism in his *Lettres provinciales* (1656–1657), Montherlant is essentially a *mondain*, and both authors are more attached to the earth than one might suppose. Of course, the story of the religious order at Port-Royal has never ceased to fascinate intellectuals, especially after Sainte-Beuve's account in *Histoire de Port-Royal* (1840–1860). Most writers are drawn less to the fact of heresy than to the evidence of the victims' grandeur.

[3] José López de Toro, *Perfiles humanos de Cisneros* (Madrid: Real Academia de la Historia, 1958), p. 49. Editors' translation.

Named Cardinal in 1507, he was asked by King Ferdinand to become Grand Inquisitor of Spain, a post which he undertook with his usual zeal, managing at the same time to infuriate the nobility by reducing its customary judicial and financial privi-
5 leges. As engaged in state affairs as he was in religious matters, like Cardinal Richelieu of France, Cisneros directed the military operations that brought about the ultimate defeat of Oran in 1509. After Ferdinand retired from leadership (1516)—his daughter, Juana the Mad (later, in reference to Montherlant's
10 character, Jeanne la Folle), was declared incompetent because of insanity—Cisneros became at least nominally regent of Castile until Charles of Ghent (the future Charles V) could return from Flanders to reign.

Cisneros is largely remembered as a reformer, the right
15 arm of a Spanish policy of reformation and discipline imposed by Ferdinand and Isabella, a policy so effective that it prevented the inroads of the European Reformation in the Iberian peninsula. He was responsible for the final Christianization of Granada, long a Moorish stronghold, and managed to accomplish
20 in 1499, with characteristic resolution and ruthlessness, what the Archbishop Talavera of Granada had attempted to carry off with reason and patience. His relationship with King Ferdinand ceased to be harmonious on the question of the Moors: Ferdinand held Italy to be his primary concern, while Cisneros,
25 undoubtedly for both political and religious reasons, wished to expel all evidence of Moorish culture and religion. Because of their differences, Cisneros withdrew to his home town, Alcalá de Henares, where he established the University (opened in 1509) devoted to theological studies. It was there that the
30 Cardinal, in keeping with the Iberian reform movement, directed important studies, one of which, the Complutensian Polyglot Bible (published in 1520), was perhaps Alcalá's major contribution to religious culture. Erasmus of Holland was invited several times to teach at Alcalá and thus enhanced the
35 University's devotion to humanistic studies.

Cisneros' role as politician-statesman and prelate held new meaning after Ferdinand's death in 1516, for his daughter Juana, declared insane, posed a problem of succession. Her mental illness, ascribed by some historians to her shock at the

death of her husband, the Archduke Philip, had apparently
begun before his death; she certainly suffered mental anguish
because of Philip's real or suspected love affairs. Removed
from the center of the Spanish court, Juana spent the rest of
her life at Tordesillas, where she continued to live for 46 years. 5
Despite her illness, she remained Queen of Castile, held the
respect of her subjects and was the only member of the royal
family during the regency to be addressed as "Your Majesty."

At an advanced age and physically sick, Cisneros barely
managed to hold the Empire together. Important members of 10
the court began to seek out Charles of Ghent both to win his
favor and to gain a firm foothold in the affairs of the coming
reign; this tribe of turncoats abandoned Cisneros for a youth
incapable of speaking Spanish. Nominally regent of Castile—
Ferdinand had left the affairs of Aragón, Catalonia and Valencia 15
in the hands of his illegitimate son Alonso de Aragón—Cisneros
in fact bore the brunt of the whole political chaos that characterized Spain after Ferdinand's death. Cisneros died on the day
that Chièvres, messenger of Charles of Ghent (become King of
Spain in 1516) who had finally disembarked in Spain, delivered 20
a letter wiping away the Cardinal's powers and ordering his re-
tirement. Charles did visit his mother, Juana, to win her support, before undertaking his reign.

Montherlant's Dramatic Focus in
Le Cardinal d'Espagne

There exists an unfortunate tendency to ferret out parallels between Montherlant's heroes and those of Cornelian and Racin- 25
ian tragedies. Neither Cisneros, nor any other Montherlantian
protagonist, manifests aspects of the Cornelian hero, for whom
clear duty—*devoir*—is the primary and successful motivating
force of dilemma, the passions ultimately succumbing to the
compelling urgency of such duty. While Cisneros devotes him- 30
self to serving both God and State, he cannot define the limits of
either obligation, nor indeed his obligation to himself as a man;
both his passions and his duty become confused. That, after all,
is what *Le Cardinal d'Espagne* is about. Montherlant's heroes,

however lofty they may seem, are remote from the single-
faceted men who inevitably wear the mask of an artificial pre-
ciosity entirely alien to Montherlant's world. A Cisneros or a
Malatesta reflect, rather, the multi-faceted moralistic complexi-
5 ties of *virtude e conoscenza* (*le courage et le savoir*) of Dante's
Renaissance, not remote in concept (according to Montherlant)
from a Roman parallel. As for Racine, it is perhaps sufficient to
recall that his tragedies are peopled by heroines, that a "femi-
nine" psychology pervades his dramas to such a degree that any
10 comparative study of Racine and Montherlant borders on the
ludicrous and is unrewarding at best.

In *Le Cardinal d'Espagne* Montherlant elects to treat both
fact and legend. He portrays with accuracy not only the many
contradictions of character implied by Cisneros' acts, but he also
15 reflects many of the deeds of the Cardinal's long career. For the
sake of dramatic emphasis, Montherlant compresses the mass of
historical matter in order to arrive at an astonishingly concise
portrait of Cisneros and his times, enabling us to possess a serious knowledge of an ascetic, a representative of the temporal
20 Church, a Defender of the Faith, a leader of the Spanish Empire,
and a statesman of first rank. Cisneros is 82 years old in Montherlant's play. We see him then at the close of his life's work
and not during his long tenure of major activity. The drama re-
veals a sick man hounded by nagging doubts about the meaning
25 of his own life, about life itself, and desperately struggling
against the mediocrity of his contemporaries consciously or unconsciously motivated by treason to abandon the Cardinal's
fading powers. If treason is a major theme in the play, the
theme of action is undoubtedly its most compelling *mobile*.

Cisneros' Dilemma: The Meaning of Action

30 In his *avant-propos* written for this edition of *Le Cardinal d'Espagne*, Montherlant underlines the importance of the value of
action in his play while de-emphasizing the Christian theme of
the proofs of God. Like Pascal before him, he considers the
question of the existence of God as a wager, a wager which will
35 never be proved or disproved by rational means, since the

realm of God is beyond the sphere of reason. What interests
him, he says in the *avant-propos,* is the value of action *if* one
wagers that God does not exist. In emphasizing the value of
action (and with it the problem of the exterior versus the interior man), Montherlant, of course, touches upon a theme cen- 5
tral to most of 20th century literature, and most especially the
writings of the existentialists. Yet although he explores existentialist themes and concerns, his conclusions are often strikingly
opposed to those found in existentialist literature, especially of
the atheistic, Sartrian variety. 10

Existentialism exploits, as does Montherlant, the problem
of man as he sees himself, and as he is seen by the outside
world. Sartre would call man as he sees himself a *subject;* man
as seen by the outside world, *object.* Montherlant makes the
same distinction in slightly different terms: he speaks of the 15
"interior man" and the "exterior man," paralleling Sartre's subject and object. For the existentialist, however, it is the outer
man, the man who performs deeds in the eyes of the world, who
produces identity (although Sartre does recognize that the inner
and outer man will never completely correspond to one another). 20
For Montherlant, on the other hand, it is the *inner* man who produces identity, who must prevail in order to create an authentic
person. Montherlant speaks of this need for the domination of
the inner man in a quotation from *Service inutile* which he himself places at the beginning of the first act of *Le Cardinal d'Es-* 25
pagne: "Cette phrase [both to learn and disdain the natural sci-
ences] me rappelle le cardinal Jimenez, qui portait une robe de
bure sous sa pourpre; la bure démentait la pourpre; c'est ce
démenti que l'être de sagesse doit porter sans cesse en soi: le
démenti que l'homme intérieur donne à l'homme extérieur." 30

One can see in the preceding quotation that certain attributes of the Cardinal Francisco Ximénez de Cisneros [the Jimenez referred to above] are linked to the inner and outer
selves. Cisneros is double in his attributes, a mass of opposing
drives and beliefs. If one looks carefully at the preceding quota- 35
tion, one notices that the "robe de bure," signal of the Franciscan monk, indicates both the man of God and the inner man.
By contrast, the "pourpre," referring to the pomp of the Cardinal's robes, is linked to the service of the earthly kingdom and

to the outer man who performs that service, who acts in the
world of men. Cisneros believes himself to be double, to be able
to reconcile his devotion to God and to the earthly kingdom;
moreover, he believes that he can at any moment renounce his
5 devotion to the earthly kingdom in order to retire into total devotion to God. He is unaware that the outer man, the man devoted to acts in the world of men, has taken possession of his
entire being, has become his identity. The entire movement of
the play is the discovery by Cisneros of the domination of the
10 "homme politique" within himself, a domination of which he
becomes increasingly aware as the play progresses. At the end
of the play, he must recognize that he has been lying to himself,
that he is not what he believes: his inner being, his devotion to
God, has been swallowed up by earthly acts. He is a victim of
15 what Montherlant calls "sa façon de se mentir à soi-même"
("Postface"), a phrase which suggests the same meaning as
Sartre's *mauvaise foi*. Even Jeanne (Juana) recognizes the Cardinal's play-acting when she says to him: "Vous, vous vivez
dans la comédie; moi, je n'y vis pas" (II.iii).
20   In this conflict between the inner and the outer self, Jeanne
plays a dominant, although not exclusive, role. She is the per-
sonification of those attributes of Cisneros which are linked to
the inner man, the attributes which Cisneros deceives himself
into believing still exist within him, but which in reality have
25 atrophied because of his devotion to the realm. Cisneros underlines his similarity to the Queen, his wish to be like her, his
recognition that she has achieved a disdain for the things of this
earth that he longs to attain, believes for a time he will attain,
and finally realizes are for him unattainable. While the Cardi-
30 nal stresses his resemblance to Jeanne, however, it is his opposing attributes which strike us. Everything he utters in the
first act is in direct opposition to what Jeanne professes in the
second act: he is above insult, she is wounded by everything; he
relies on ceremony, she despises it; he believes in the value of
35 action, she sees it as a simple pastime covering the void. Cisneros himself recognizes their essential difference in Act III
(sc.ii) when he says: "Au lieu de renoncer au monde pour pouvoir le dominer, comme font souvent nos grands ordres religieux, elle domine le monde et elle renonce à lui." And, as the

greatest contrast of all, Jeanne has preserved intact her inner self: "Il n'y a que moi qui ne sois pas un songe pour moi" (II.iii). For the Cardinal, by contrast, the inner self is revealed as an impossible dream.

The dominance of the exterior or interior man is, of course, tied directly to the value or the uselessness of action. The exterior man makes himself known, defines himself, by acting; the inner man accomplishes his identity through thought, wish, or prayer. If the Cardinal is to allow the exterior man to dominate, he must be convinced that the actions accomplished by that man are valid, permanent contributions to the good of the realm. In centering his play around the value of action, Montherlant again echoes a theme common to the contemporary period, a theme above all central to the Sartrian existentialists, whose characters consistently wonder about the quality and motivations of their actions. Moreover, the Cardinal's belief, early in the play, that he has accomplished acts (the sign of the exterior man) is contrasted with Jeanne's own use of the word "geste" to signify that for her all actions are empty, meaningless gestures, for *her* justification of self is based on interior evidence. This debate over vocabulary is also evident in the existentialists, for, in a world without God, action, and not gesture, is all important in their eyes: only action, says the existentialist, gives definition to the human being. There are, however, several implications of the value of action in Sartrian existentialism which Sartre himself mentions, but from which he refuses to draw any clear conclusions. One basic point is that the actions of the outer man, as they fade into the past, belong to a being who is no longer the man of the present: if, as Roquentin says in *La Nausée*, the past does not exist, then past actions define a man as he was many years ago, not as he is today. Moreover, in existentialist thought, the result of a voluntary action becomes the identity of the outer man in the world of other people. But what if the voluntary action results in the establishment of something which later disappears? If the result of the action, and even all memory of it, is lost, what defines a man? Montherlant faces all these implications, examines them carefully, and, because he pushes all the possibilities to their logical end, comes to conclusions which are opposite to, and considerably more pessimistic than, the conclusions of Sartre on this subject. For Sartre, action is man; for Montherlant, action is nothing, a meaningless mask invented by men to cover the void.

5 Doubts as to the value of action provide the weapons by which the Cardinal is finally killed. At the end of the first act, Cardona provokes the first sign of physical weakness in the Cardinal when he says: "Peut-être même verrez-vous s'écrouler sous vos yeux des pans entiers de ce qu'il vous a fallu une vie pour construire" (I.vii). The Cardinal's faith in the value of 10 what he has constructed erodes further in Act II, when Jeanne compares the actions of this life to clouds: "Ils [les nuages] vont changer d'aspect. Ils vont se dissiper, puis se reconstruire d'autre façon. Tout cela est sans importance. . . . Et, au-dessous, ces espèces d'êtres qui font des choses, qui vont vers des cho- 15 ses. . . . Et rien de sérieux dans tout cela que les chevaux qu'on mène boire au fleuve" (II.iii). Cisneros' repetition of almost identical words in Act III shows that he has been touched by Jeanne's doubt, that, even if she is not physically present, her ideological presence weighs heavily upon him. When urged by 20 Cardona to decide several pressing matters, he says: "Le temps ne presse pas quand les nuages se transforment et se défont" (III.i). Immediately thereafter, he mentions sarcastically the exploits of fictional knights and giants in novels of the kind satirized by Cervantes in *Don Quixote;* the effect on the audience, 25 however, is to wonder whether the Cardinal's deeds, which he has just compared to clouds, are any less an exaggeration and a fiction. Realizing that his great-uncle's confidence has been breached, Cardona tempts him with the possibility of deliberately destroying all that he has previously accomplished (the 30 same temptation underlined in Montherlant's motto, *aedificabo et destruam,* I shall build and then destroy what I have built): "Oh! comme cela serait beau, que votre œuvre s'écroulât en même temps que vous! Avant de mourir, vous devriez déchirer votre œuvre, la déchirer? la ravager de vos propres mains—par 35 des actes, par votre testament,—comme les enfants, quand la marée arrive, détruisent le château de sable qu'ils ont passé la journée entière à construire. . . . Ainsi, en mourant, vous signifieriez solennellement au monde que tout ce que vous avez fait est une dérision" (III.ii). Cardona also points out that the de-

struction of what Cisneros has built will allow him to leave the political realm and find God (and the inner man, by implication linked to God). Though tempted, Cisneros again reacts by physical weakness, unable to destroy what he has built. Shortly thereafter, realizing that he is dying, he is finally aware that he 5 has valued his earthly actions above God, but that these actions, which he has been unable a moment before to disavow, are worthless: "Les nuages se dissipent. Voici la fin des nuages . . ." (III.ii). The final death blows completely invalidate his actions: first the Archbishop promises to undo what he has done; then 10 the king, asking him to retire into a monastery, disavows all that he has accomplished. Actions, on which the outer man was based, have proved valueless as a means of definition, ephemeral clouds which form, reform, and disappear without leaving a trace. And, as his actions disappear into meaninglessness, so 15 the Cardinal dies, unable to make the sign of the cross. Like the fly killed by Jeanne in Act II because it was too confident, the Cardinal finds in death no more meaning than does the insect. Dead, he is described as ". . . recroquevillé sur lui-même, rapetissé comme une mouche morte" (III.vi). 20

Since the action on which the definition of outer man is based is shown to be valueless, what remains? Only the inner self, that self which feels, loves, and does not need deeds to justify itself, provides a recourse against the nothingness of the universe. Again, it is Jeanne who shows this trait, although her 25 love is for a person, not for God. In his historical notes to the play, Montherlant underlines this central characteristic of Jeanne: "L'amour est vraiment l'unique soleil qui éclaire cet univers dénudé. Et, cela en quoi elle se pelotonne, ce n'est pas l'amour qu'elle a reçu (elle a reçu du plaisir), c'est celui qu'elle 30 a donné. Par là Jeanne proclame ce que, depuis plus de quarante ans, je ne cesse de répéter dans mes livres, et jusqu'au rabâchage: *que le grand événement de la vie est d'aimer* (non pas d'être aimé). Cet amour allant de l'amour vénal jusqu'à sa forme la plus éthérée. . . . Quand je me retourne je ne dis pas: 'Voici ce 35 que j'ai fait, voici mes œuvres', mais: 'Voici ceux que j'ai aimés, et voici ceux que j'aime encore'. . . ."[4] Jeanne's love, symbolized

[4] Henry de Montherlant, *Références historiques, Le Cardinal d'Espagne* (Paris: Gallimard, 1960), pp. 252–53.

by her attachment to the earthenware bowl from which she
drinks life-giving water, is, of course, for a single human being,
her dead husband. But the ability to love, as Montherlant suggests in the preceding quotation, may stretch from a devotion to
5 the most minute object to the greatest, God. And on this precise
point, the ability to love, Cisneros is deficient. Jeanne says of
herself and of him: "Je suis du monde de ceux qui aiment, et
ne suis même que de ce monde-là. Vous n'êtes pas de ce monde,
et n'avez pas notion de ce qu'il est" (II.iii). Unable to drink from
10 the same bowl as Jeanne, he is unable to find any exit from the
void: he cannot unite himself with God, and dies unable even to
make the sign of the cross. With his death, both the interior
man and the exterior man, the man of God and the man of the
realm, have failed. And Jeanne, called insane by others, proves
15 right when she says to him at the end of Act II that it is he who
is insane rather than she.

       With the disappearance of both the interior and the exte-
rior man, we have, of course, come full circle back to the wager
of Pascal: since the condition of man on this earth is so miser-
20 able (what Pascal calls "la misère de l'homme sans Dieu"), then
it is to man's advantage to wager that God exists in order to
give meaning to a life which can find no meaning elsewhere.
Christian existentialists, such as Kierkegaard, echo this reason-
ing in their metaphysical leap, in their unproved and unprovable
25 belief that God must exist, since there is nothing else in the universe to justify the existence of the universe. Montherlant's vocabulary (especially in Act II) suggests the same kind of thought
process, the same kind of definition by exclusion or absence. For
him, what exists is the "oui"; what is beyond earthly existence,
30 the "non".[5] Since what exists on this earth, and the actions
which are based on that earthly existence, are meaningless,
there is only one other choice, that which does not belong to
this earth, that which is beyond it, and by definition opposite
to existence, the "non" or God. This may explain Jeanne's at

      [5] One might note a remarkable similarity of vocabulary between
Montherlant's definition and that of Sartre in *L'Etre et le néant:* the
en soi, things, matter which is simply there, is positive; therefore the will,
the *pour-soi,* must be negative since it cannot be defined except as the
opposite of being. God (or the *néant*) is given the same definition in
Montherlant's play as Sartre gives to the *pour-soi.*

first bewildering statement: "Dieu est le rien" (II.iii), i.e. that God is beyond this earth, its opposite, the "no" answering the "yes" of earthly objects. Yet there is the possibility of another interpretation: that man needs God, wishes to love him, and finds nothing. That man needs something outside this world 5
to give him a definition is obvious in Montherlant's works; whether man finds what he needs is open to question in Montherlant's *œuvre*.

Montherlant's Style

Montherlant's dramatic style is habitually described as classical because of its sobriety, purity of line, and its density. Like 10
Corneille and Racine, he proposes tragedy as the proper vehicle for *âmes nobles,* and the sweep of action is entirely psychological, with the result that the monologue, or *tirade,* is never static, but rather serves as a spring to maneuver tragic dilemma. Yet *Le Cardinal d'Espagne,* like much of contemporary drama, 15
tends to reflect the classical tone to which the French are accustomed; indeed, psychological drama has never ceased to exist in France; Montherlant's *tirades* are less private monologues than rebuttals made to an adversary. His point of departure is always the *âme noble* in conflict with worldly mediocrity, the 20
eternal enemy that propagates itself and somehow prevails. If anything, Montherlant's purpose is to recapture the tone and atmosphere of the era he depicts, its language and manners, its sensibilities and grandeur.

What is unique about his language is his ability to use 25
words obliquely: his words stray from their dictionary definitions, taking on an unusual evocative power in their newness, and they become ultimately the roots of an original poetic imagery. Act II of *Le Cardinal d'Espagne,* for example, cleverly balances a symbolism of apparently extraordinary stage phe- 30
nomena—costuming, lighting, stage properties—with one of effect—the language of the principal personages and their stage blocking. Here, as elsewhere in the play, Montherlant creates an interplay of words at times relating to chess and at other times to bullfighting. Cardona sees his role as a futile game: "Il y a 35
là tout un jeu où je suis vaincu d'avance. Je m'y vois déjà

comme le roi sur l'échiquier, quand il est mat, coincé par toutes
les pièces adverses" (I.vii). Elsewhere, Cisneros admits that he
has received "quelques piques." No reader can escape the constant use of terms associated with the corrida: *dresser, se dres-*
5 *ser, se cabrer, lever la tête, hennir, tenir tête,* and the imagery
is further underlined, of course, in the essay "Les Deux Pourpres." Those who have grasped the sense of an intense *élan*
expressed in Montherlant's early lyric period cannot fail to find
in his later works a mature vision of the multiple possibilities of
10 life's ecstasies, expressed with a denser imagery, although not
with the classical objectivity of a Racine.

   Montherlant claims with justification that he is a poet:
"Je suis poète, je ne suis même que cela, et j'ai besoin d'aimer et
de vivre toute la diversité du monde et tous ses prétendus con-
15 traires, parce qu'ils sont la matière de ma poésie, qui mourrait
d'inanition dans un univers où ne régneraient que le vrai et le
juste, comme nous mourrions de soif si nous ne buvions que de
l'eau chimiquement pure" ("Syncrétisme et alternance").[6] In
balance with prosaic dialogue, usually left to lesser players, is
20 the poetry voiced by Cisneros: "Toujours remettre à plus tard
ces heures de face-à-face rayonnant qui enfin me soulèveront
au-dessus de moi-même, après le gravat de la journée" (III.ii).
Again, Cisneros evokes, with expanded symbolism, Jeanne la
Folle's preoccupation with water imagery: "La reine ne peut
25 vivre qu'en attendant le moment de boire de l'eau. Moi, il y a
une eau qui sort de mon Dieu, et qui m'enivre; mais, aussitôt
que je vais atteindre cette eau, une main me ravit le visage et
le replonge dans la boue" (III.ii). Several of Jeanne's speeches
are *poèmes en prose:* "Les vivats et les musiques seront pour
30 moi des rugissements de bêtes fauves. Je demeurerai immobile
dans l'ombre, couchée sur le souvenir de celui que j'aimais,
comme une chienne sur le tombeau de son maître; et je hurlerai
quelquefois à la mort, en moi-même" (II.iii). Typically, the ele-
ment of the *gisant*—Jeanne's dead husband—is enlarged and
35 increased: not by accident, the barking of dogs, then the barking of a single dog, marks the play's end. The whole of poetic
imagery in *Le Cardinal d'Espagne* is so vast that students would

   [6] In *Aux fontaines du désir,* in *Essais,* Bibliothèque de la Pléiade (Paris:
Gallimard, 1963), p. 241.

do well to pursue it fully. Color imagery is entirely dominant, for example. Black and night (clothing, unclean nails, and so on) signal Jeanne's world, while white and daylight are the usual symbols of Cisneros' domain; yet Cisneros' gray robes suggest the conflict between the two poles. 5

Of course, in any discussion of Montherlantian style, one must mention the maxim, ubiquitous and compelling. His words recall more the biting scorn of a proud Saint-Simon or the moralistic verities of a Pascal than the pessimistic social observations of a La Rochefoucauld. Cisneros speaks with apparent 10 self-assuredness: "L'indifférence aux choses de ce monde est toujours une chose sainte, et—même quand Dieu en est absent —une chose essentiellement divine" (III.ii). How mad is Jeanne when she states: "Lutter contre les hommes, c'est leur donner une existence qu'ils n'ont pas" (II.iii)? Such aphorisms, woven 15 cleverly into the drama, do not unduly delay or divert its progression; yet most are arresting statements of the human condition, and they reflect Montherlant's position as one of the most influential *moralistes* of our times. Compared with his other plays, however, *Le Cardinal d'Espagne* displays a remark- 20 able economy of aphorisms.

Such are some of the directions of Montherlant's style. Students will realize in reading this play to what degree these few examples of his style are symptomatic of a rich language, one of the best of this century. Advanced students should note 25 that the definitive work devoted to Montherlant's use of language has yet to be written.

Avant-propos de Montherlant pour cette édition

Après la question: «Y a-t-il un Dieu, et un Dieu rétributeur?» à laquelle on ne peut répondre que par un pari, il n'y a plus, si l'on a parié qu'il n'y avait pas de Dieu rétributeur, qu'une question: «Nos actes ont-ils un sens? Et, si oui, quel sens? Pourquoi faire
5 quoi que ce soit autrement que pour passer le temps, et le passer le moins désagréablement possible? Avec le néant, l'action devient grotesque, si elle n'est pas conçue comme un jeu sans portée et dans le fond indifférent.»

Le second de ces deux problèmes essentiels que se pose un
10 homme qui réfléchit un peu, est incarné, dans *Le Cardinal d'Espagne,* par le personnage de la reine Jeanne de Castille, surnommée de son temps et depuis lors «Jeanne la folle,» surnom qu'on ne saurait toutefois lui donner sans le commenter immédiatement par la parole que je fais dire au cardinal Ximenez de
15 Cisneros: «Elle voit l'évidence, et c'est pourquoi elle est folle.» Des trois formes du nihilisme, le nihilisme castillan, le nihilisme allemand, et le nihilisme russe, Jeanne représente le premier: le *nadisme.* «Pas le nihilisme apocalyptique des révolutionnaires du type Netchaiev (Dostoïevsky), mais le nihilisme contemplatif
20 de l'Ecclésiaste. Un nihilisme qui est moins nostalgie de la fin du monde que goût du néant.»

Ce problème de l'action et de l'inaction est au centre du *Cardinal d'Espagne,* et rend secondaires les autres thèmes, et ils sont nombreux, qui figurent dans cette pièce. Je l'ai évoqué bien
25 des fois déjà dans mes ouvrages. La réponse la plus nette que je lui ai donnée se trouve dans mes *Carnets* de l'année 1931: «Toute l'histoire du monde est une histoire de nuages qui se construisent, se détruisent, se dissipent, se reconstruisent en des

combinaisons différentes—sans plus de signification ni d'importance dans le monde que dans le ciel.»

J'exprimais alors, en mon nom propre, ce que je fais exprimer aujourd'hui à la reine Jeanne dans *Le Cardinal d'Espagne*. 5

Il est très rare, je crois, qu'un problème d'une telle importance soit porté sur la scène, et d'une façon assez vivante pour intéresser les spectateurs. Nombre de ceux-ci, la pièce, sans doute, «passait par-dessus leur tête», comme on dit chez nous. Peut-être y en avait-il qui n'étaient intéressés que par la scène 10 de l'acte II entre la reine et le cardinal, où ils ne voyaient qu'un *sketch*. Quoi qu'il en soit, l'ouvrage a été «un succès». Et je crois que, étant donné la nature profonde de son sujet, c'est une réussite que d'y être parvenu. C'est pourquoi *Le Cardinal d'Espagne* est une de mes pièces auxquelles je donne le premier rang, parmi 15 celles que j'ai écrites, les autres étant, selon moi, *Fils de personne*, *Le Maître de Santiago* et *La Ville dont le prince est un enfant*.

Le Cardinal D'Espagne

Je tiens à remercier mon traducteur et ami M. Mauricio Torra Balari, conservateur de la Bibliothèque de l'Ambassade d'Espagne à Paris, attaché aux services culturels, à qui j'ai eu maintes fois recours dans les curiosités ou difficultés que m'apportait
5 ce travail, et qui les a satisfaites ou dénouées avec la complaisance infinie que connaissent tous ceux qui l'approchent; M. l'abbé Lopez de Toro . . . ; M. l'abbé Louis Cognet, chargé de conférences à l'Institut catholique de Paris, auteur d'ouvrages qui font autorité sur les mystiques et sur le jansénisme, qui a
10 lu le manuscrit du *Cardinal d'Espagne* et m'a garanti la vraisemblance des propos que j'y fais tenir à certains de mes personnages, dans le domaine religieux. Je saisis l'occasion de dire aussi tout ce que lui doit ma pièce *Port-Royal*, dont il suivit de près non seulement l'élaboration mais les dernières répétitions;
15 celles-ci et celle-là ont bénéficié dans une grande mesure de ses avis.

A cette même occasion, je rappelle que les manuscrits de *Malatesta* (pour le rôle du pape) et du *Maître de Santiago* furent soumis par moi au R. P. d'Ouince, de la Société de Jésus, alors
20 directeur de la revue *Les Etudes*, avant leur publication en librairie et leur représentation.

Personnages

Le cardinal FRANCISCO XIMENEZ DE CISNEROS, archevêque de Tolède, primat des Espagnes,[1] Grand Chancelier de Castille, Grand Inquisiteur[2] de Castille et de Leon, régent de Castille, 82 ans.

LUIS CARDONA, capitaine commandant la garde du cardinal, petit-neveu du cardinal, 33 ans.

Le duc de ESTIVEL, environ 40 ans.

Le comte de ARALO, environ 40 ans.

Le chapelain ORTEGA.

Frère DIEGO, confesseur de la reine.

VARACALDO, un des secrétaires du cardinal.

L'archevêque de Grenade.

Le baron VAN ARPEN, conseiller du roi Charles.[3]

DUQUE DE ESTRADA, gouverneur de la maison de la reine.

D. FELIPE UHAGON.

Le gentilhomme de la chambre.

D. DIEGO DE LA MOTA.

Le docteur CAMPOS.

Un seigneur

---

[1] **Espagnes** (Spanish: *las Españas*) in the plural refers to the union of the several Spanish states.

[2] The Spanish Inquisition served as a powerful tribunal of the Roman Catholic Church to seek out heresies.

[3] King Charles I, the former Charles of Ghent, and the future Charles V (Holy Roman Emperor). He assumed power as king in 1516; Cisneros died in 1517.

Un autre seigneur.

Un valet du cardinal.

JEANNE, reine de Castille, de Leon, d'Aragon, etc., dite «Jeanne
la Folle», mère du roi Charles Ier de Castille et de Leon (le futur
Charles-Quint), 38 ans.

Doña INES MANRIQUE, dame d'honneur de la reine.
Première demoiselle d'honneur de la reine.
Seconde demoiselle d'honneur de la reine.
Troisième demoiselle d'honneur de la reine.

Dames, seigneurs, etc.

*La scène se passe à Madrid, en novembre 1517. Tout se fait en
trois jours, un jour par acte.*

*Les phrases ou passages entre crochets peuvent être supprimés
dans une représentation éventuelle.*

Acte I

. . . cette phrase si importante de l'*Entretien
avec M. de Saci*, où il est dit que M. Singlin voulait donner à Pascal un maître, qui lui enseignât
les sciences, et un autre maître, qui lui apprît à
les mépriser. Cette phrase me rappelle le cardinal
Jimenez, qui portait une robe de bure sous sa
pourpre; la bure démentait la pourpre; c'est ce démenti que l'être de sagesse doit porter sans cesse
en soi: le démenti que l'homme intérieur donne à
l'homme extérieur.

Service inutile (1935)
(écrit en 1933).

Acte I

Un cabinet au palais du Conseil de la régence, à Madrid.

Scène I

Le duc de ESTIVEL.   Le comte de ARALO.

*Au lever du rideau, Estivel, seul, marche de long en large
dans la pièce.*

ARALO, *entrant en coup de vent, avec exaltation*
J'ai une nouvelle enivrante à vous apprendre!

ESTIVEL

Qui est mort?   5

ARALO

Devinez.

ESTIVEL, *au comble de l'exaltation, prenant les mains d'Aralo*
Lui?

ARALO, *désignant ses bottes*
Le cordonnier qui a fait ces bottes. Un brave homme. Trésorier
de la Confrérie de San Lorenzo. (*riant*) Votre déconvenue
m'amuse au plus haut point. Notre cardinal-moine est immortel. 10
Quatre-vingt-deux ans sans doute. Mais défiant, et dur, et amer,
et tenant les lèvres tellement serrées qu'il lui est venu à la lèvre
inférieure une petite blessure. Tout cela conserve.

ESTIVEL, *grave*

Pendu la tête en bas, le ventre ouvert, les tripes sortantes; et m'enfouir le visage dans ses tripes: voilà ce que je voudrais.

ARALO

Quel beau spectacle qu'une conviction politique! Cela est réconfortant. Allons, avouez que vous donneriez dix ans de votre vie
5 pour que le cardinal d'Espagne, régent du royaume, mourût aujourd'hui même.

ESTIVEL, *toujours très grave*

Non, pas dix ans. Mais je donnerais un an de ma vie pour qu'il meure tout de suite, et qu'il souffre bien. Des souffrances dignes de lui, et vraiment l'effet de la grâce divine.

ARALO

10 Mon cher duc, vous nous enterrerez tous. Vivre vieux, c'est une question de haine.—Dites-moi, encore un mot. Si vous ne vouliez pas donner un an de votre vie, combien de doublons d'or donneriez-vous pour que le cardinal meure aujourd'hui?

ESTIVEL, *toujours très grave*

Je donnerais cinquante mille doublons d'or pour qu'il meure
15 aujourd'hui.

ARALO

Moi... disons: quarante-cinq mille. J'ai la dot de ma fille à fournir. On ne peut pas tout faire à la fois.

ESTIVEL

Ch... Il est là qui écoute à la porte.

ARALO

Le cardinal n'écoute pas aux portes: d'autres écoutent pour lui.
20 Mais il marche à pas de mouche. On ne l'entend pas.

ESTIVEL

De sorte qu'il écoute sans écouter: la vertu est sauve. La vertu est toujours sauve avec lui.—Penser que c'était un moinillon qui

crevait de faim quand il était étudiant, qui n'est sorti qu'à cinquante-huit ans d'une obscurité sordide, et depuis ne s'est élevé
que par la faveur de la feue reine Isabelle.[1] C'est une bénédiction de la Providence s'il n'est apparu qu'à cinquante-huit
ans. S'il l'avait fait à trente, quel cauchemar! Ce fléau a mis dans   5
son jeu les rois de la terre et le Roi du Ciel. Comment lui résis-
ter?

ARALO

Tout peut changer en quelques jours, avec l'arrivée du roi
Charles. Finie la régence. Patientez un peu.

ESTIVEL

Je ne peux plus attendre. Je ne peux plus sentir ses sandales   10
crasseuses sur nos nuques pour nous courber, nous, les plus
grands noms du royaume. Avoir délivré l'Espagne des Arabes,
et être opprimé par *ça!* Vouloir faire sentir, à tout propos et hors
de propos, qu'on est le maître, c'est petitesse et puérilité: pouah!
Et à son âge! Cette ombre qui ordonne, quelle horreur!   15

ARALO

Avec Charles, ce sera peut-être encore pire.

ESTIVEL

Peu importe, pourvu que ce ne soit pas lui.—Vous vous sou-
venez, l'autre jour, quand il a montré son cordon de franciscain
et qu'il a dit: «Ceci me suffit pour mater les superbes.» Une
corde pour attirer à soi les dignités, et pour étrangler ses en-   20
nemis: ô bienheureuse corde! Et cette façon qu'il a de la tripoter
sans cesse, comme s'il en tirait de la force...[2] Quand on est ensemble moine franciscain et gouverneur d'un royaume, est-ce
qu'on n'est pas un personnage ambigu?

ARALO, *bas*

Vous dites tout cela chez lui!   25

---

[1] Isabella I (Isabela la Católica), Queen of Castile and wife of Ferdinand
II of Aragón; their marriage united the two great kingdoms of Spain.
[2] **comme s'il en tirait de la force:** as if he drew assurance from it.

ESTIVEL

Que ses meubles et ses murs s'en imprègnent et l'en empoisonnent.

ARALO

Encore le poison. Avec déjà cette truite empoisonnée à laquelle il a échappé dimanche...

ESTIVEL

⁵ Et dire que je n'y étais pour rien.[3] Ce n'est jamais nous qui tuons ce qui mérite tellement d'être tué.

ARALO

C'est-à-dire tous les grands hommes, car je n'en connais pas un qui n'ait quelque chose d'odieux.—Ch... cette fois il arrive. On peut dire qu'il tombe bien.

ESTIVEL

¹⁰ Non, c'est le neveu, capitaine de la garde de son oncle par protection spéciale... Encore un personnage ambigu.

Scène II

LES MEMES.   CARDONA.

CARDONA

Messieurs, je vous annonce que le roi Charles contremande sa venue. Pour la seconde fois. Il y a cinq jours à Trujillo. Aujourd'hui à Aguilera.[4] Tous les préparatifs et tous leurs tracas
¹⁵ rendus vains. Je pense qu'il ne s'agit là que de faire perdre patience au cardinal,[5] et de nous montrer un peu de dédain, à nous

---

[3] **Et dire que je n'y étais pour rien:** And to think I had no part in it.

[4] Trujillo, Aguilera: Towns along Charles' route from his Asturian landing point.

[5] **Je pense . . . au cardinal:** I think that is simply a matter of making the Cardinal lose patience.

autres sauvages de Castille. On veut nous dresser. Un roi de dix-
sept ans, un blondin élevé aux Flandres, qui traîne avec lui depuis les Flandres sa cour de Français et de Flamands: des
hommes habillés en satin, comme les femmes! Un roi que notre
peuple ne connaît que par ses impôts!   5

ARALO

Il ne sait presque rien de nous, et le peu qu'il en sait est faux.

CARDONA

Si le cardinal Cisneros n'avait pas fait violence aux conseillers
d'Etat, Charles ne serait toujours qu'archiduc d'Autriche. Maintenant le voici roi de Castille et de Leon, et il remercie le cardinal
en le brimant.   10

ESTIVEL

J'ai vu de près cette scène inoubliable, j'étais de ceux qu'elle a le
plus humiliés. Hélas! il faut bien le dire, nous avons eu devant
nous une volonté plus forte que la nôtre...

CARDONA

J'ai souvent entendu parler de cette scène, mais jamais par mon
oncle.   15

ESTIVEL

Allons, vous savez bien ce qui s'est passé.

CARDONA

Comme on sait les choses dans une lointaine garnison...

ESTIVEL

C'était il y a dix-huit mois; le roi Ferdinand venait de mourir,
laissant la régence au cardinal. Charles n'était qu'archiduc
d'Autriche, mais il voulait—il voulait avec passion—le titre de   20
roi d'Espagne, conjointement avec la reine Jeanne sa mère; le
cardinal garderait la régence jusqu'à son arrivée en Espagne. De
Bruxelles, il invite le cardinal à le faire proclamer roi par le Conseil, les grands et les évêques présents à Madrid. Le cardinal
réunit le Conseil, expose le désir de ce garçon de seize ans. On   25

discute; nombreux sont ceux qui se cabrent: nous avons juré
fidélité à Jeanne pour notre seule reine. Alors le cardinal prend
la parole: «Vous ne m'avez pas compris, dit-il d'un ton glacial.
Un roi n'a pas besoin du suffrage de ses sujets. Il ne s'agit pas
5 de délibérer sur une chose à faire, mais d'approuver une chose
faite. Car je vais à l'instant faire proclamer dans tout Madrid le
prince comme roi de Castille.» On ouvre la porte, le préfet de
Madrid entre, le cardinal donne des ordres pour la proclamation,
qui est faite séance tenante au son des trompettes. Nous ne
10 bougeons pas, nous restons hébétés. Voilà comment et grâce à
qui Charles est notre roi,—pour un très long temps.

Un silence.

ARALO

Il y a dix-huit mois que Charles est notre roi, et c'est aujourd'hui
seulement qu'il quitte les Flandres et prend possession de son
royaume de Castille, je veux dire: qu'il entre en pays conquis.
15 Il n'est pas pressé d'attraper nos puces et nos poux.

CARDONA

Le cardinal est reçu[6] demain matin en audience privée par la
reine Jeanne. Depuis quatre ans, elle ne l'a jamais reçu qu'en lui
parlant à travers une grille, et depuis un an elle ne l'a pas reçu
du tout. La reine refusant de voir le régent! Il veut la convaincre
20 d'accueillir la visite de son fils. Le roi a déclaré qu'en arrivant en
Espagne il ne rencontrerait personne avant la reine sa mère, non
pas même le cardinal.[7]

ARALO

Elle est folle, c'est Jeanne la Folle, il y a quinze ans qu'elle est
folle. Ne sortir jamais, ne voir personne, ne prendre jamais la
25 moindre distraction. Des journées entières à ne pas prononcer
un mot. Et toujours sans s'occuper le moins du monde ni des intérêts de l'Etat ni des siens propres:[8] elle ignore ce qu'ils sont au

[6] **est reçu = sera reçu.**
[7] Charles I did visit his mother Juana before seeing Cisneros. It was his
hope to gain political strength from her, since she continued to be re-
spected and to symbolize the Empire. He also wished to assure his position against a possible rival, his brother, the Infante Ferdinand.
[8] **ni des siens propres:** nor with her own (interests).

dernier degré, sans défense aux mains de subalternes comme
une petite fille. Alors qu'elle est retranchée du nombre des vivants, de nouveaux mondes sont conquis en son nom. Elle est le
tout, et elle n'est rien.

ESTIVEL

Le cardinal était bien heureux que la reine soit folle,—cet hor- 5
rible chaos de corps et d'esprit... C'est parce qu'elle est folle
qu'il était régent.

ARALO

La régence va finir, mais il cherchera à s'incruster, comme conseiller intime de ce petit roi. Ce qu'il veut, c'est le pouvoir; peu
lui importe le titre.—Encore qu'on raconte à Rome qu'il y eut un 10
moment où il rêva d'être pape. A Rome, où il n'est rien moins
qu'aimé.[9]

CARDONA

C'est vous qui ne l'aimez pas, Monsieur le comte. Le pouvoir!
Comme s'il ne l'avait pas maintes fois rejeté! A quarante-huit
ans il résigne sa charge de grand vicaire et tous ses bénéfices, et 15
se fait franciscain à Tolède. Mais c'est encore trop du siècle[10] et
il se réfugie à l'ermitage du Castañar, où il reste trois ans dans
la solitude. Il refuse d'abord quand la reine Isabelle...

ESTIVEL

Nous savons tout cela! Nous savons tout cela!

CARDONA

Il refuse quand la reine Isabelle veut faire de lui son confesseur, 20
et n'accepte qu'à la condition de demeurer au couvent, et de ne
venir à la cour que sur ordre. Il s'enfuit de nouveau au couvent
quand il est nommé archevêque de Tolède, et résiste six mois...

ESTIVEL

Et il a fallu un bref du pape pour qu'il acceptât son élévation,

[9] **A Rome . . . qu'aimé:** In Rome, where he is anything but esteemed.
[10] **Mais c'est encore trop du siècle:** But the world is still too much for
him.

ce qui est un fait unique dans l'histoire! Et il a fallu une lettre du pape pour le forcer à abandonner l'austérité de son train de vie et à vivre comme doit vivre un archevêque! Toute cette humilité a eu un grand retentissement. Nous la connaissons par cœur.

CARDONA

5 L'an dernier encore, il a songé à se retirer des affaires quand la reine Jeanne lui a interdit l'entrée de son palais...

ESTIVEL

Le régent du royaume excelle à faire des retraites. Il excelle aussi à tirer parti de ses retraites.[11]

CARDONA

Mon oncle n'excelle que dans le service du royaume et de la
10 religion.

ESTIVEL

On dit que lorsqu'il veut montrer qu'un entretien est terminé, il ouvre la Bible. Ainsi peut-être l'Eglise lui est-elle commode pour...

CARDONA, *très vivement*

L'Église ne lui est «commode» en rien et pour rien. Jamais.

ARALO, *mielleux*

15 Le cardinal est votre grand-oncle, vous avez raison de ne pas permettre qu'on touche à lui. Le plus grand politique que l'Espagne ait jamais connu. Il a, comme Dante veut qu'on l'ait, *virtude e conoscenza*,[12] le courage et le savoir, la droiture du caractère et la droiture du jugement, une charité et un désinté-
20 ressement que personne ne conteste...

---

[11] **Il excelle . . . retraites:** He also excels at taking advantage of his retreats.

[12] *virtude e conoscenza:* Dante's words in *The Divine Comedy*, partly defined by Montherlant, describe high moral virtue, from which comes courage, joined with depth of knowledge; in other words, the Renaissance man.

ESTIVEL

Les œuvres charitables par lesquelles il se débarrasse de la charité...

CARDONA

Monsieur le duc, de grâce!

ARALO

...sans parler d'une énergie en quelque sorte surnaturelle, et qui, chose étrange, semble augmenter à mesure qu'il devient plus vieux. 5

CARDONA

Il a commencé en se montrant impitoyable parce qu'il avait peu de naissance, et qu'il lui fallait cela pour établir son autorité. Aujourd'hui, l'âge lui a fait perdre le flair des moyens qui obtiennent le succès. Alors il a recours à la force, c'est plus simple. 10 On dirait aussi que par ses moments de violence il cherche à rattraper sa faiblesse de tant et tant d'autres heures. Quand on emploie la force pour se faire obéir, c'est que les ordres n'y suffisent plus. Quand on se redresse avec vigueur, c'est qu'on s'affaissait. Et on a le ton tranchant, quand l'âme ne soutient plus la voix. 15 Tout cela se retournerait férocement contre lui, s'il devait vivre. Mais il n'aura pas le temps que cela se retourne contre lui, et c'est peut-être pour cela qu'il l'ose.

Un silence

ESTIVEL

Je ne me serais pas permis d'en dire autant devant vous, capitaine. 20

ARALO [*mielleux*

Le cardinal offre au roi qu'il a fait, quand celui-ci prend possession de son royaume, une noblesse hier soulevée, aujourd'hui presque toute obéissante—nous en sommes la preuve, n'est-il pas vrai?—une armée réorganisée, une flotte redoutable, un trésor allégé de sa dette, une Espagne forte de sa cohésion et 25 son indépendance, et qui a grandi en quelques années au-dessus de tout ce qui l'entoure...

CARDONA

Cela, c'est l'oraison funèbre. Mais la réalité est moins fleurie.[13]
Depuis la défaillance du cœur qu'il a eue il y a trois semaines, les
rancunes se redressent en sifflant, les vengeances éclatent de
toutes parts comme des flammes.[14] Giron reprend les armes pour
5 s'emparer de Medina Sidonia,[15] les Arabes reparaissent sur les
côtes d'Espagne, les Turcs menacent d'assiéger Oran.[16] Malheur
au puissant qui a fait un faux pas. On le croit à terre et tous se
jettent sur lui.

ARALO

Le cardinal a des ressources d'insensibilité qui vont encore faire
10 merveille pour la gloire de Dieu. Quand on se console d'une de
nos armées massacrée en disant: «Autant de pègre en moins»...
Quand on est Grand Inquisiteur de Castille... La façon dont il
vient de mater l'insurrection de Valladolid]... Il continue de faire
peur: à l'abri de cette peur, tout devient plus facile.

CARDONA, *ricanant*

15 Peur! Il fait rire aussi, quelquefois! On ne parle jamais de ses
ridicules; personne ne semble les voir.

ESTIVEL

Personne ne veut les voir.

CARDONA

Un homme à qui le pouvoir monte à la tête est toujours ridicule.

ARALO

20 Quelque chose qui fait peur peut-il être ridicule?

---

[13] **Mais la réalité est moins fleurie:** But reality in less poetic (flowery).
The adjective is in contrast with **oraison funèbre.**
[14] **les rancunes se redressent . . . flammes:** hissing, malice rears up like
flames, vengeance breaks out everywhere. This passage is characteristic
of Montherlant's poetic imagery at its best.
[15] Medina Sidonia: city near Cadiz in southern Spain.
[16] Oran: city in present-day Algeria. Cisneros hoped to secure Spain's
power by destroying Arab positions along the northern coast of Africa.

CARDONA

Certes!—Moi, j'ai mon franc-parler avec lui. Je lui disais hier:
Vous ne pouvez plus supporter les critiques. Vous ne pouvez
plus supporter qu'une admiration sans réserve aucune.

ARALO

Et que vous a-t-il répondu?

CARDONA

Il m'a répondu: «Je n'ai pas besoin qu'on m'admire. J'ai besoin   5
qu'on fasse ce que je veux.»

ARALO, *à Cardona*

Vous avez parlé de ses ridicules... (*avidement*) Vous lui voyez
vraiment des ridicules?

CARDONA

Tenez, un seul exemple: sa signature. Est-ce que tout l'orgueil
de l'homme ne s'y peint pas?   10

ARALO

Sa signature est souvent de la main du secrétaire Vallejo, qui
imite celle du cardinal, mais par maladresse en accentue les
traits.

CARDONA

D'autres fois elle est de lui, et alors aussi elle respire l'affecta-
tion. Y a-t-il besoin d'affecter lorsqu'on est naturellement un   15
personnage extraordinaire?

ESTIVEL

Vous ne comprenez pas: il s'est fait une signature orgueilleuse
pour montrer qu'il est toujours plein de verdeur.

ARALO

Mais non, il est courant que l'écriture ait gardé toute sa puissance, quand l'âme déjà s'en va à vau-l'eau.   20

CARDONA

Il tarde beaucoup. Je vais m'informer de ce qui le retient.

Scène III

ESTIVEL

Nous choisissons nos amis, nos ministres, nos serviteurs, nos épouses; mais il faut prendre nos petits-neveux comme ils viennent.

ARALO

Le petit-neveu souffle le chaud et le froid. Il a commencé par
5 louer son oncle, puis, lorsque j'ai fait chorus, il n'a pu y tenir[17] et s'est mis à le dénigrer. Il a aussi une véritable passion pour répéter au cardinal ce qu'on dit sur lui de désagréable, ou pour lui apprendre de mauvaises nouvelles. Tout ce que vous venez de dire va être exactement rapporté. Vous ne savez pas tenir
10 votre langue. Ah! si la haine pouvait se taire!

ESTIVEL

Il faudrait m'arracher la langue pour que ma haine se tût. Et, si on m'arrachait la langue, ma haine sortirait par mes yeux. Et, si ensuite on m'arrachait les yeux, je ne sais par où elle sortirait, mais elle sortirait encore. La haine impuissante, il faut bien
15 qu'elle sorte ainsi.

ARALO

Ne dites pas de mal de la haine impuissante: c'est la meilleure. Don Luis[18] ne hait pas son oncle. Il l'aime, semble-t-il, et surtout il l'admire au point d'être obsédé par lui. Mais il est jaloux de lui. Ce farouche vieillard l'exalte et l'aigrit alternativement.
20 Cela paraît invraisemblable, que don Luis soit jaloux du cardinal, ou qu'il prenne des airs supérieurs quand il le met en cause,[19] car entre eux il n'y a pas de mesure;[20] cependant cela est. Il est jaloux même des gens auxquels son oncle prête atten-

---

[17] **il n'a pu y tenir:** he could not go on in that vein.
[18] Don Luis = Cardona.
[19] **quand il le met en cause:** whenever he implicates him.
[20] **car entre eux . . . mesure:** for there is no comparing them.

tion ou veut du bien. Par tout cela, savez-vous à qui don Luis me fait penser? A notre Jeanne la Folle, qui adorait ensemble et détestait son mari. Elle le pleure depuis onze ans, elle n'existe que par sa douleur, et vivant elle le persécutait.

ESTIVEL

La reine Jeanne n'aimait pas son mari; elle aimait le lit de son 5 mari; rien d'autre.

ARALO

Il se vante de connaître son oncle mieux que personne. Mais que peut-il connaître de ce qui est tellement au-dessus de lui? Sa médiocrité et sa vulgarité n'en peuvent faire qu'une carica-ture, sans même peut-être qu'il s'en rende compte. L'affreux 10 petit bonhomme!

ESTIVEL

Pensez-vous que le cardinal ait pénétré que ce neveu n'est pas un neveu sûr?

ARALO

Je pense qu'il se raccroche où il peut, et qu'il doit se dire que sa famille... 15

ESTIVEL

Et avec cela il n'aime pas sa famille. Son neveu du moins l'aime à sa façon. Lui, il n'aime pas son neveu. Mais qui aime-t-il?

ARALO

L'Eglise et le royaume sont sa femme et son fils. On ne bâtit une œuvre que dans l'indifférence terrible pour ce qui n'est pas elle. 20

ESTIVEL

Ce qui est cruel avec don Luis, c'est que c'est quelqu'un qu'on ne peut pas estimer. Il n'est pas Castillan; homme de sang impur,[21] cela ressortira toujours. Le cardinal souffre de lui. Et lui il souffre du cardinal.

ARALO

Le diable emporte les petits-neveux! Le diable emporte aussi les oncles!

[5] *La porte s'ouvre brusquement, et paraît le cardinal, suivi de Cardona.*

Scène IV

LES MEMES, *plus* Le cardinal CISNEROS [22]
et CARDONA.

Le cardinal est en robe franciscaine, de bure grossière, grise (grise et non brune), la corde de chanvre à la taille, les pieds nus dans des sandales de chanvre, la tête nue et tonsurée. Sa dignité n'est indiquée que par une croix pectorale en or, sans pierreries
[10]   *ni orfèvrerie, attachée à un cordon noir sur sa poitrine.*

ESTIVEL, *avec contentement*

Ainsi donc, Monseigneur, Sa Majesté vous fait une nouvelle vexation, après celle qu'elle vous fit quand vous avez été à sa rencontre à Trujillo, et qu'elle ne vint pas. Sans parler de cette maison qu'on eut l'insolence de vous refuser.[23]

---

[21] **sang impur:** Estivel expresses the chauvinistic attitude of Castilians who claim they are a *raza pura* (pure-blooded); Cardona is suspect because he is an alien in Castile, although Spanish.

[22] Ximenez est le patronyme du cardinal et Cisneros son nom de terre. Jusqu'au XIXe siècle, on ne l'a appelé partout que Ximenez. Aujourd'hui, les Espagnols ne l'appellent que Cisneros. [Montherlant's note.]

[23] Estivel refers to Cisneros' request for a house at Trujillo, a request refused by underlings (**les fourriers**), who probably had not informed Charles of the Cardinal's wishes.

ARALO

Vous avez donné au roi un royaume, et il vous refusait une maison!

CISNEROS

Je n'ai pas atteint l'âge que j'ai pour que les petites choses me touchent. Si je souhaitais qu'on me réservât à Trujillo la maison du sieur Bernardin, c'était, je le confesse, à cause de sa   5
situation agréable. Les fourriers du roi ont jugé sans doute qu'il y avait là un vœu frivole qui ne seyait pas à un franciscain, puis-qu'ils ont donné cette maison à quelqu'un d'autre. Quant au roi, il n'en a rien su, de toute évidence.

ARALO

Rien de mesquin ne vous effleure jamais, Monseigneur.   10

CARDONA

Et qu'on n'ait pas trouvé de place pour vos serviteurs à Trujillo! Qu'il ait fallu les loger dans un bourg voisin! Vos propres serviteurs, et à votre âge, et quand votre santé n'est pas bonne...
      Le cardinal congédie d'un signe Aralo et Estivel.

Scène V

CISNEROS.   CARDONA.

CARDONA

J'ai dû encore vous défendre contre un de ces messieurs qui vous   15
caressent si doucement.

CISNEROS

Il est étrange qu'il faille toujours «me défendre», alors que, de-puis vingt-cinq ans, je n'ai fait que du bien à l'Eglise d'Espagne et au royaume.

CARDONA

Mais pas aux grands! Votre dernier coup, supprimer leurs pensions...

CISNEROS

J'ai supprimé les pensions[24] des grands pour que le roi pût les rétablir. Je me suis chargé de leur haine pour lui acquérir leur
5   amour.[25]

CARDONA

Vous irritez tout le monde. D'abord en étant le maître. Ensuite, par ce que vous demandez pour vous, qui contrarie les gens. Et par ce que vous ne demandez pas, qui leur fait croire que vous leur donnez la leçon. Vous vivez dans une corbeille de reptiles.
10 Et il va y en avoir un autre, un serpent à la tête pâle,[26] qui s'est glissé tortueusement des Flandres jusqu'ici, pour enlacer et étouffer le brave lion de Leon.[27] A ce propos, Monseigneur mon oncle, j'ai une requête très pressante à vous faire. Je vous demande une nouvelle charge en place de celle que vous m'avez
15 donnée ici. Je vous demande en grande grâce de me renvoyer à mon corps, ou à un autre, au fond des provinces.

CISNEROS

Il est pourtant assez notoire que j'accorde quelque-fois ce qu'on ne me demande pas, mais que je n'accorde jamais ce qu'on me demande.

CARDONA

20 Il y a un an que je commande votre garde au palais de la Régence. La reine Jeanne, Dieu merci, ne sait pas même que j'existe. Vous étiez le maître, et vous êtes mon oncle. Désormais il va y avoir

---

[24] Historically, Cisneros did put an end to the allotment of state funds for the nobility.
[25] **Je me suis chargé . . . amour:** I took on the burden of their hatred in order to win for him their love.
[26] **un serpent à la tête pâle:** Charles I.
[27] **le brave lion de Leon:** Cisneros.

ce jeune homme inconnu, qui ne s'annonce que par le mal qu'il fait. Il est entouré d'étrangers qui ignorent, détestent et méprisent l'Espagne: nous sommes leurs Indiens.[28] S'ils l'ignoraient et la détestaient seulement, on pourrait espérer. Mais le mépris est le plus impitoyable des sentiments. La cour va être un enfer. 5 Et un jour vous ne serez plus là.

CISNEROS

Il y a trois cents hommes autour du Conseil de régence qui craignent comme vous les malignités du roi, et qui ne quitteraient pas le Conseil pour tout l'or des Indes.[29]

CARDONA

Le jeune homme qui s'approche m'insultera comme il vous in- 10 sulte. Et je ne puis pas supporter les insultes. Sous elles je perds toute maîtrise de moi. Mes mains tremblent, mes idées s'embrouillent . . .

CISNEROS

Vraiment? A ce point?—Feignez de n'avoir pas été insulté. C'est un exercice que je connais bien. Il m'est arrivé, ayant été insulté, 15 de trouver un biais pour dire merci.

CARDONA

Vous êtes un politique. Je suis un soldat.

CISNEROS

On ne sent pas les affronts quand on a un but, et que ces affronts ne vous en détournent pas. Seulement, avez-vous un but?

[CARDONA

A supporter les affronts, on se fait toiser.[30] 20

---

[28] **nous sommes leurs Indiens:** we are their Indians. Cardona claims that true Spaniards have become the conquered subjects of the northern foreigners surrounding Charles I and of Charles himself. **Indiens** refers to the natives of the New World subjugated by the *Conquistadores.*

[29] **Indes:** The Indies, or conquered territories of the Americas.

[30] **A supporter . . . toiser:** If you endure insults, people will look at you with disdain.

CISNEROS

On peut supporter les affronts sur le secondaire, tant qu'on reste
le plus fort sur l'essentiel.[31] Vous êtes un soldat: vous devez
savoir comme il importe peu, bien souvent, d'évacuer des positions.]—Ecoutez autre chose. Si j'ai subi du roi quelques piques,
5 elles ne sont rien auprès de toutes les occasions où il me traite
comme je dois l'être. Je lui ai écrit maintes fois. Mes lettres
n'étaient pas toujours douces. Je lui ai donné des conseils op-
posés au sens où il allait; je lui ai fait des remontrances, beaucoup de remontrances, sur ses dépenses et sur bien d'autres ob-
10 jets; je lui ai rappelé aussi que la paix de ses royaumes, et son
autorité, dépendaient de la sainte Inquisition. Il m'a toujours
répondu de la manière la plus gracieuse. Tenez, il vient de m'envoyer une lettre qui est la meilleure lettre que j'aie eue de ma vie.
(Prenant une lettre dans son portefeuille.) «Charles, roi de Cas-
15 tille, à François, cardinal de Tolède, notre ami bien-aimé . . .»

CARDONA

Ces mots me feraient frémir.

CISNEROS

Si ces mots vous faisaient frémir, c'est que vous seriez dans une
disposition à frémir. Disons qu'ils sont une formule de cour.
Mais la lettre a aussi du solide: le roi s'y rend bonnement à mon
20 avis.

CARDONA

Il vous doit bien cela. Il est roi parce que vous avez réussi un
acte d'intimidation, dont certains même murmurent qu'il ne
manquait pas d'effronterie.

CISNEROS

C'est une décision que j'ai prise à genoux devant la Croix: com-
25 ment peut-on la discuter?

---

[31] **On peut supporter . . . l'essentiel:** One can put up with insults about
secondary matters as long as one remains steadfast in the important ones.

CARDONA

Là où vous n'étiez pas—en Aragon,—les Cortès ont maintenu leur refus. Charles n'est pas roi d'Aragon.

CISNEROS

Au vrai, peu importe que je sois ou non «l'ami bien-aimé» du roi. Moi, j'ai à le servir. Lui, il a à se servir de moi, et à m'entendre. Il n'y a pas besoin d'amour dans tout cela. Le roi Ferdi- 5 nand m'aimait-il? Il m'a abreuvé de perfidies et d'outrages, mais qui n'étaient pas des outrages: un roi est trop haut pour pouvoir outrager. Faut-il vous rappeler toutes les traverses qu'il m'a faites quand je préparais, à mes frais, à soixante-dix ans passés, la conquête d'Oran? Vous connaissez sa parole, elle est cé- 10 lèbre . . .

CARDONA

«Que le bonhomme y use sa vie et son argent» . . . Et cela n'était pas dit, mais écrit! Et avoir fait vérifier ensuite tous vos comptes dans votre maison, comme si vous étiez un caissier escroc! 15

CISNEROS

Que serait-ce qu'être fidèle si on n'était fidèle qu'à ceux qui vous aiment?[32] Et puis, l'ingratitude est une passion. Elle donne tant de plaisir à celui qui l'exerce qu'il ne serait pas charitable de la lui refuser. [Et puis, la politique étant le réel, et la reconnais- sance étant affaire de sentiment, il serait déplorable que la re- 20 connaissance intervînt en politique: elle y fausserait tout.] Et qui donc peut se plaindre de quoi que ce soit venant des princes[33] quand Christophe Colomb[34] est revenu des Indes chargé de chaînes, et a vécu ses derniers jours négligé et dédaigné par Ferdinand? Quand le plus grand homme de guerre de l'époque, 25

[32] **Que serait-ce . . . aiment?:** What would be the sense of fidelity if one were faithful only to those who esteem you?

[33] **Et qui . . . princes:** And who, then, can complain about anything at all that rulers do.

[34] **Christophe Colomb:** Christopher Columbus.

notre Gonzalve de Cordoue,[35] est mort confiné dans ses terres
pour y expier sa supériorité, mais recommandant sa fille au roi
sur son lit de mort? Ces deux hommes avaient apporté à l'Espagne une gloire et un profit immenses, et ils ont été traités
5 comme des chiens. Pourtant il faut adorer les injustices des rois,
puisque les rois sont les ministres de Dieu sur la terre. L'ingratitude n'est pas bonne seulement en politique, elle est bonne *en
soi:* elle nous rappelle que nous n'avons rien à attendre qui ne
vienne de Dieu ou de nous. Et il est une autre raison pour quoi
10 je la trouve bonne. Vous ne devinez pas laquelle?

CARDONA

Non.

CISNEROS

Vraiment, vous ne devinez pas?

CARDONA

Mais non.

CISNEROS

Parce que je suis chrétien. Quand on me frappe, je pense à mon
15 Sauveur. Vous voyez mon visage: il est couvert de crachats
comme le sien. Mais il faut que les épines entrent dans le crâne,
pour que la couronne tienne bien sur la tête. J'ai cette cou-
ronne-là, si je n'en ai pas d'autre.

CARDONA

Moi, j'ai peur d'une épreuve, ou plutôt j'ai peur de moi-même:
20 j'ai peur de ne pouvoir supporter cette épreuve. Vous me méses-
timez sans doute. Plaignez-moi plutôt, de n'être pas plus sûr
de moi. L'horrible chose: se sentir à la merci de quoi que ce soit
qui peut vous arriver.

[35] **Gonzalve de Cordoue** (Gonzalo de Córdoba): On this historical figure
Montherlant comments: «Disgrâce de Gonzalve de Cordoue. —Quand
son neveu Priego doit rendre tous ses châteaux au roi Ferdinand, Gonzalve
en fait donner le catalogue à celui-ci avec ces paroles: 'Seigneur, voici le
fruit des services de nos aïeux. Car nous n'osons prier Votre Altesse de
prendre en considération les services des vivants.'» Gonzalo de Córdoba
commanded the Spanish forces during the Granada campaign to free the
city of Arabs; later he became the viceroy of Naples.

CISNEROS

Il s'agit donc moins de fierté que de faiblesse. Des épreuves! Comme si j'avais eu autre chose que cela toute ma vie! Depuis mon prédécesseur à Tolède qui m'a fait mettre en prison pour six ans, jusqu'à mon frère qui a cherché à m'assassiner, au général de mon ordre qui est venu vomir contre moi chez la [5] reine,[36] à mes subalternes qui m'ont traversé et trahi, aux grands qui me défient et se révoltent chaque fois qu'ils le peuvent. Sans cesse il y a quelqu'un d'ici qui me dénonce au roi, comme un écolier fautif. Et hier, à Villafrades, le fils du duc d'Ureña et ses amis ont fait promener dans les rues un mannequin grotesque [10] me représentant, qu'on a fini par mettre en pièces.[37] Mais ce sont toujours des mannequins me représentant qu'on met en pièces: ce n'est jamais moi.

CARDONA

N'avez-vous pas senti quelquefois, à votre égard, un peu de reconnaissance? [15]

CISNEROS

Il m'est arrivé d'entendre, la nuit, dans un rêve, me parler comme ils auraient dû me parler des gens à qui j'ai fait du bien. C'est tout.

CARDONA

Des hommes qui autrefois vous soutenaient, et qui aujourd'hui vous abandonnent. [20]

CISNEROS

Ils me reviendront quand je le voudrai.

CARDONA

On dit cela!

---

[36] **vomir . . . reine:** spew venom about me to the Queen.
[37] **à Villafrades . . . pièces:** In Villafrades the Duke of Ureña's son and his friends paraded in the streets a grotesque effigy of me, an effigy which was finally torn to bits.

UN MAJORDOME, *entrant*

Monseigneur, M. le chapelain Ortega est là. Il dit que vous lui
avez accordé une audience à onze heures.

CISNEROS

Fais-le entrer. (*à Cardona qui fait mine de se retirer*) Restez.
Ce chapelain appartient au duc de l'Infantado.[38] Le duc est en
5 procès avec le comte de Corogne.[39] Son procès est mauvais mais
le duc paye si bien qu'il y a des années que l'affaire était en
sommeil. Je l'ai réveillée, on a jugé, et le duc a perdu. Je suis
curieux de savoir ce qu'il me fait dire, et d'autant plus qu'on
m'a prévenu que le chapelain n'est pas une lumière. En fait
10 d'études théologiques, il a surtout été chantre à la chapelle du
roi Ferdinand. Ecoutons ce qu'il va nous chanter.[40]

Scène VI

LES MEMES.   LE CHAPELAIN ORTEGA.

CISNEROS

Or ça, Monsieur le chapelain, vous avez à me parler de la part du
noble duc. Voyons ce qu'il vous a chargé de me dire.

Le chapelain se jette aux pieds du cardinal. Il baise sa ceinture de
15 *corde, puis lui baise les mains, puis tente de lui baiser les pieds,*
mais n'y parvient pas, et lui fait signe que c'est son ventre qui
l'empêche de se baisser davantage.

[38] **Ce chapelain . . . l'Infantado:** This chaplain [Ortega] belongs to the
Duke of Infantado. Reference to the 3rd Duke of Infantado, who repre-
sented a hostile faction acting against Cisneros and Charles I.
[39] **le comte de Corogne:** the Count of La Coruña, bitter enemy of the
Duke of Infantado.
[40] **Écoutons . . . chanter:** Let us listen to what fantasy he is going to
sing to us. Montherlant plays on the words **chanter** (the chaplain Ortega
used to be a singer at religious services) and on **chanter** ("tell," in a
facetious sense).

LE CHAPELAIN

Monseigneur, que Votre Seigneurie révérendissime me pardonne ce que je vais lui dire. Tout m'a été dicté par le noble duc,
mon maître. J'ai tout inscrit. (*Il montre un papier.*) Rien n'est
de moi. Moi, je crois que Votre Seigneurie révérendissime est
le plus grand homme d'Espagne, qu'elle est le miroir de la 5
vérité et le soleil de la justice...

CISNEROS

Oui, je sais.

LE CHAPELAIN

Donc, je ne fais qu'obéir, et suis pardonné d'avance?

CISNEROS

Oui, allez.

LE CHAPELAIN, *jetant un coup d'œil sur son papier*

Premièrement, le noble duc[41] m'a chargé de vous dire que vos 10
méthodes pour convertir les Arabes, avec des sévices et des
cadeaux, étaient indignes d'un chrétien. *Item,* que vous étiez
un tyran, le duc a répété le mot trois fois (*regardant son papier*),
il est souligné trois fois sur mon papier. *Item,* que c'était le
roi catholique qui avait financé l'expédition d'Oran, et non vous, 15
comme vous cherchiez à le faire croire... Oh! Monseigneur, dans
tout cela, c'est le noble duc qui parle. Moi... (*Il se jette à genoux,
baise sa corde et ses mains, tente de lui baiser les pieds, mais
n'y parvient pas, avec le même geste que précédemment.*)

CISNEROS

Est-ce tout?   20

LE CHAPELAIN

Oh! que non! Mais puis-je continuer?

CISNEROS

Sûrement.

---

[41] **le noble duc:** i.e., the Duke of Infantado.

LE CHAPELAIN

Attendez, il faut que je regarde mon papier. *Item,* que votre façon de faire la guerre en Navarre[42] a étalé une barbarie toute nouvelle et qui a choqué jusqu'à vos partisans. Parce qu'il vous arrive—a-t-il dit—de préférer votre méchanceté à vos intérêts,
5 ce qui est fâcheux pour un homme d'Etat. Est-ce qu'il a dit «méchanceté»? (*regardant son papier*) Non, il a dit «dureté». De préférer votre dureté à vos intérêts. *Item,* que... Oh! Monseigneur! (*Il se jette à ses pieds comme les autres fois.*) Non, je ne continuerai pas. Dieu me pardonnera d'avoir désobéi à mon
10 maître.

CISNEROS

Et moi, Monsieur le chapelain, ai-je le droit de répondre au noble duc?

LE CHAPELAIN

Oui, Monseigneur.

CISNEROS

Mais vous souviendrez-vous bien de ce que vous aurez à lui
15 dire? Vous semblez n'être pas très sûr de votre mémoire, puisque vous avez un petit papier. Voulez-vous noter?

LE CHAPELAIN

Oui, Monseigneur.

CISNEROS

Eh bien, vous direz au noble duc qu'il est un imbécile.

LE CHAPELAIN

Oui, Monseigneur.

CISNEROS

20 Ensuite, vous l'embrasserez de ma part, car c'est un bon homme, malgré tout.

---

[42] **la guerre en Navarre:** The war to annex Navarre to Spain was waged during the latter years of Ferdinand's reign; at the head of the army was the famous Duke of Alba, who seized control in July, 1512.

LE CHAPELAIN

Oui, Mon... Ah! non, ça, je n'oserai jamais.

CISNEROS

Vous avez bien osé me dire tout ce que vous venez de me dire.

LE CHAPELAIN

J'obéissais, Monseigneur! J'obéissais! Vous n'allez pas me mettre en prison? (*Il se jette à ses pieds.*)

CISNEROS, *riant aux éclats*

Retirez-vous, Monsieur le chapelain. Et que Dieu vous garde. 5
Je souhaite au noble duc d'avoir toujours beaucoup de serviteurs tels que vous. Mais, un conseil: ne redevenez pas chantre. Restez chargé de missions;[43] c'est pour cela que vous êtes fait.

Scène VII

CISNEROS.   CARDONA.

CISNEROS

Que pensez-vous de cette bonne farce?

CARDONA

Que vous êtes bien indulgent.   10

CISNEROS

Et moi je pense que ce pauvre diable est bien courageux. Après tout, je pouvais le faire arrêter.

CARDONA

Et vous avez ri!

CISNEROS

Je vous l'ai dit: être insulté m'amuse.

---

[43] **Restez chargé de missions:** keep on being a diplomatic courier.

CARDONA

Ce qui prouve que vous n'aimez pas beaucoup les hommes.

CISNEROS

Je gouverne; je sers donc les hommes. Pourquoi ai-je ri? J'ai ri, de sentir que je ne souffrais pas de ce qu'il me disait. Je ne souffre pas des hommes qui m'insultent; je souffre des hommes 5 qui m'indignent. Cet intermède est venu à point. Il vous a montré de ces affronts dont je vous parlais, qu'on ne sent pas quand on a un but, et qu'ils ne vous en détournent pas. Je suis comme un vieil arbre tout pointillé de coups de becs par les pics:[44] il n'en a pas perdu une goutte de sa force pour cela. Ou 10 comme un fleuve que les enfants criblent de pierres, et qui continue. Je sais bien qu'il me faudra disparaître, mais cela n'est pas pour demain. Qu'on ne m'ennuie pas avec ma mort. J'ai autre chose à faire qu'à mourir. J'ai des affaires à régler, et non à me préparer à la mort. La nature peut contre moi; les 15 hommes, eux, n'ont jamais rien pu de sérieux contre moi. [Mon autorité est établie sur des fondements si solides, et j'ai si bien pris mes mesures contre tout ce qui pourrait l'ébranler, qu'il n'est rien que je ne puisse supporter avec indifférence, ou entreprendre avec succès, tant que je n'aurai pas rendu mes pou-20 voirs au roi.] Ceux qui me veulent du mal me donnent un spectacle comique, mais cela est difficile à leur faire comprendre. Sachez que je fais ce qu'il faut pour qu'on me haïsse, et que je remonte quand bon me semble cette machine de haine. Celui à qui vous parlez vit toujours sous des menaces, et juge que 25 c'est cela qui lui permet de vivre. Les menaces l'empêchent de somnoler.

CARDONA, *ironique*

Je suis convaincu que votre énergie, le soir, suffit seule à vous empêcher de dormir!

CISNEROS

Il est vrai que je n'ai jamais moins dormi qu'à présent.

[44] **Je suis comme . . . les pics:** I am like an old tree completely dotted by woodpeckers' beaks.

CARDONA

Vous travaillez trop.

CISNEROS

Je ne travaille pas trop. Si j'ai vécu jusqu'à l'âge que j'ai, c'est parce que j'ai servi la religion et l'Etat. Si je n'avais pas servi la religion et l'Etat, je serais mort il y a vingt ans.

CARDONA

Je comprends que, lorsqu'on se lève chaque jour à deux heures 5
du matin, on se croie tenu d'être exigeant[45] pour les autres.

CISNEROS

Je ne dors pas la nuit pour que ces autres puissent dormir, à l'ombre de mes veilles.[46]

CARDONA

Mais il y en a qui sont un peu agacés de respirer auprès de vous un air trop fort. 10

CISNEROS

Vous, par exemple. Faut-il que j'avoue des faiblesses que je n'ai pas, pour vous faire plaisir? Je parle sans fausse honte de cette force parce que c'est une force qui m'est donnée. Personne que Dieu ne pourrait faire surgir tant de force de tant de fatigue...

CARDONA

Oui, vous avez le visage fatigué. 15

CISNEROS, *avec violence*

Laissez donc en paix mon visage.

CARDONA

La cornée de vos yeux est jaune. Regardez-vous dans la glace.

CISNEROS

Mêlez-vous de ce qui est important, et non de ce qui ne l'est pas.

[45] **on se croie . . . exigeant:** one feels one has to be exacting.
[46] **à l'ombre de mes veilles:** in the shadow of my vigils.

CARDONA

Moi, à cette heure, j'avoue une faiblesse que j'ai. C'est une heure où je suis vulnérable; vous savez pourquoi.

CISNEROS

Un rhume de cerveau peut-être? Avec ces premiers froids de novembre...

CARDONA

5 Non, Monseigneur, une petite fille de neuf ans—ma fille—qui est morte la semaine passée. Mais cela, Monseigneur, vous l'avez déjà oublié; et d'ailleurs, comme il est naturel, vous ne savez pas ce que cela peut être.

CISNEROS

Vous avez encore quatre enfants à élever pour qu'ils servent
10 Dieu.

CARDONA

J'ai besoin d'une barrière de sympathie pour me protéger contre je ne sais quoi. Ces moments où l'on est comme les moribonds, qui ont envie qu'on leur tienne la main... Je vous répète: envoyez-moi quelque part où je sois éloigné des intrigues de la
15 cour et de ce qu'elles peuvent avoir de redoutable. Les gens en place sont horribles. Les courtisans du pouvoir m'écœurent.

CISNEROS

On vitupère les courtisans du pouvoir. Ensuite on a recours à eux.

CARDONA

Je ne suis pas un habile; ce que j'aime, c'est commander cinq
20 cents hommes bien simples, très contents de mourir ils ne savent au juste pour quoi. A la cour, si on se tient à l'écart des intrigues, on est en danger parce qu'on est seul; si on s'y mêle, on est en danger parce qu'elles vous lient. Si on lève la tête, on est écrasé; si on la baisse, on est méprisé. Qui sert mal est puni
25 par le prince; qui sert bien est puni par l'envie. Il y a là tout

un jeu où je suis vaincu d'avance. Je m'y vois déjà comme le roi sur l'échiquier quand il est mat, coincé par toutes les pièces adverses.

CISNEROS

On se tire toujours de l'inextricable. J'en suis un exemple. Bien des choses qui paraissaient de grands problèmes n'en sont 5 plus quand on a le nez dessus.

CARDONA

J'ai échappé à la reine parce qu'elle vit recluse et ne me connaît pas. Dépendre des lubies d'une folle toute-puissante, avec cela méchante et haineuse, comme les femmes des empereurs de Rome... Nous savons bien qu'elle est capable de tout. 10

CISNEROS

Dieu met la main aux grands événements. Il laisse les autres au gré du hasard.

CARDONA

Minuscule événement que je suis, je vous demande de diriger mes hasards.

CISNEROS

Votre femme? 15

CARDONA

Leonor est tout acquise à l'idée que nous quittions Madrid.

CISNEROS

Leonor est-elle toujours gorgée de romans de chevalerie?[47]

CARDONA, *sec*

Leonor lit des romans de chevalerie—comme tout le monde.

---

[47] Montherlant (and Cisneros) consider an interest in novels of chivalry a sign of mediocrity, hence an abomination often indulged in by senseless women.

CISNEROS

Si Leonor souhaite que vous quittiez Madrid, je vois donc que
vous parlez sérieusement.

CARDONA

Très sérieusement. (*avec exaltation*) Eloignez-moi des fauves;
renvoyez-moi avec mes soldats. Je ne demande qu'une chose:
5 être oublié du pouvoir! être oublié du pouvoir! Car il n'y a pas
le pouvoir, il y a l'abus de pouvoir, rien d'autre. Si naïf que
je sois, j'ai appris cela quand même.

CISNEROS

Ici?

CARDONA, *prudent*

Partout...

CISNEROS

10 Eh bien! non, Luis, vous resterez à Madrid.

CARDONA

Parce que vous ne voulez pas avoir honte de moi?

CISNEROS

Parce que je veux vous soutenir contre votre part mauvaise,[48]
comme se doit de le faire quelqu'un qui vous aime.[49] Je vous
aime beaucoup, mon cher Luis, en souvenir de votre mère...

CARDONA

15 Vous m'aimez en souvenir de ma mère?

CISNEROS

En souvenir de votre mère, et pour vous-même. Et c'est parce
que je vous aime et parce que vous êtes de ma famille que j'agis
ainsi: à cause de mon amour pour vous, à cause de l'honneur

---

[48] **Parce que . . . part mauvaise:** Because I want to sustain you against
your bad inclinations.
[49] **comme . . . vous aime:** as someone who esteems you must properly
do.

de la famille, et aussi parce qu'étant votre parent je dois vous traiter plus sévèrement que les autres.

CARDONA

Je reconnais là votre charité.

CISNEROS, les yeux brûlants

Ma charité? Aux Indes, en Afrique, j'ai donné la foi à des cen- taines de milliers d'êtres. J'ai fait d'eux des âmes. Cela est la   5 charité, il me semble. Il y a cette charité-là, que j'ai, et il y a l'amour de Dieu, que j'ai: voilà beaucoup d'amour. Mais il s'agit d'autre chose. Vous craignez le roi. Vous auriez craint la reine, si elle vous avait connu. Tout cela est indigne de vous et de nous. Ce n'est pas tout qu'être père de quatre enfants; il 10 faut encore être homme, et non soi-même enfant. Et ce n'est pas tout qu'avoir le courage militaire; il faut avoir aussi le courage privé. Quand un gamin a peur de nager, on le jette à l'eau.

CARDONA

Il y a des enfants qu'on jette à l'eau pour qu'ils nagent, et ils se noient. On n'oblige pas les gens à avoir du courage dans un 15 sens où ils n'en ont pas: c'est assez qu'ils en aient ailleurs. [Je n'ai pas peur des hommes en armures; j'ai peur des hommes en pourpoints.] Je suis courageux et craintif, robuste et fragile: est-ce que vous ne comprenez pas cela?

CISNEROS

Vous n'avez pas à être ce que vous êtes, mais à être ce que 20 vous devez être.

CARDONA

Et il ne faut pas non plus forcer les gens dans les toutes petites choses, sans nécessité certaine. Mais vous voulez qu'on soit comme vous: courageux parmi les traquenards de Madrid, et courageux à la guerre d'Afrique. Comme vous! Toujours comme 25 vous! Toujours vous en exemple! Et c'est vrai, que faire sinon se montrer, quand on s'est hissé aussi haut que vous l'êtes?— Pourtant, j'y songe, quand vous n'avez pas voulu confier le commandement de l'expédition d'Oran à Gonzalve, à qui il revenait de façon si éclatante, parce que le roi ne l'aimait pas, était-ce là du courage?

CISNEROS

Vous jugez de choses que vous ne connaissez pas et que, même si vous les connaissiez, vous ne comprendriez pas. Et puis,
5 méfiez-vous de l'insolence. Il n'y a rien de plus drôle que quelqu'un qui n'est pas fait pour l'insolence et qui s'efforce d'être insolent, afin de se mettre au ton d'un insolent-né,[50] dont il souffre.

CARDONA

Vous qui méprisez avec tant d'allégresse, savez-vous que les
10 Albe, les Infantado, les Estivel,[51] enfin les très grands, eh bien...

CISNEROS

Eh bien?

CARDONA

Non, on ne peut pas dire cela.

CISNEROS

Dites-le, je vous l'ordonne.

CARDONA

Eh bien, pour eux, malgré tout et au bout de tout, vous êtes
15 resté le petit frère d'autrefois: ils vous méprisent.

CISNEROS

J'aime leur mépris.

CARDONA

Quelle parole! Le comble de l'humilité, ou le comble de l'orgueil?

---

[50] **afin de se mettre ... insolent-né:** in order to put himself on the same level as a man born to insolence.
[51] **les Albe ... les Estivel:** men like the Duke of Alba, the Duke of Infantado, and the Estivels.

CISNEROS

Cessez donc de vous occuper de ce que je suis.

CARDONA

Pourquoi supportez-vous d'entendre de votre bouffon, de ce nain répugnant,[52] ce que vous ne supportez pas d'entendre de moi? Vous êtes fier d'avoir maintenant encore tant d'insolence. Mais qu'importe, puisqu'elle tombera tout d'un coup? La partie 5 est perdue, vous le savez bien. Pourquoi hennir et se cabrer, quand tout finit par la résignation? A quoi bon étreindre d'une main si ferme, puisque la main d'un moment à l'autre va s'ouvrir? Pourquoi être impitoyable, quand dans un instant on sera digne de pitié? Il faut que les choses aient un sens. Votre énergie 10 est quelque chose qui n'a plus de sens. Peut-être même verrez-vous s'écrouler sous vos yeux des pans entiers de ce qu'il vous a fallu une vie pour construire. Il n'y a plus d'issue pour vous que sur le terrible.

Cisneros a comme un frémissement et veut se lever, mais il 15
ne le peut qu'avec peine. Cardona s'approche de lui pour l'aider.
Le cardinal le repousse et se dresse, très droit.

CISNEROS

Jusqu'à mon dernier souffle, je garderai ma raison d'être.—Notre entretien est terminé.

CARDONA

Pardonnez-moi. Mais vous m'avez blessé au moment où il fallait 20 vous en garder bien, et vous le saviez. Je suis un homme sensible...[53]

CISNEROS

Je n'ai que faire des hommes sensibles.[54]

---

[52] **Pourquoi supportez-vous . . . nain répugnant:** Cisneros did have a dwarf in his entourage, a common practice at the Spanish court. Montherlant, in his *Références historiques* for this play (Gallimard, 1960), is so taken with the psychological implications of such a bizarre relationship that he devotes several pages to a sound and profound analysis of it.

[53] **Je suis un homme sensible:** I am a sensitive man.

[54] **Je n'ai que faire . . . sensibles:** I am not interested in sensitive men.

Le cardinal se met en marche, prenant un peu appui sur le rebord de la table, durant qu'il la longe. En passant devant une glace, il jette un coup d'œil furtif sur son visage reflété dans la glace.
5   *Exit Cardona, avec violence.*

Scène VIII

CISNEROS, *puis* VARACALDO, *puis* ARALO
et ESTIVEL.

Le cardinal reste un moment immobile, puis il agite une sonnette. Varacaldo entre.

CISNEROS

Rejoignez don Luis qui vient de sortir, ou faites porter un billet chez lui s'il est déjà dehors. Qu'il soit ici demain matin à dix
10 heures. Il m'accompagnera chez la reine. Elle ne le connaît pas. Elle va le connaître. (*Exit Varacaldo.*) Ami Luis, nous vous apprendrons qu'il faut avoir le courage chevillé au corps. Parce que, si on n'a pas le courage chevillé au corps...

ARALO, *entrant, avec Estivel*

Monseigneur, l'archevêque de Grenade est là, et souhaite d'être
15 reçu par vous.

CISNEROS

Qu'on me laisse seul. J'ai à travailler avec Vallejo. Je recevrai l'archevêque avant le repas de ce soir.

Il entre, à gauche, dans ses appartements.

ARALO, *à Estivel*

Il aurait mieux fait de recevoir l'archevêque. Agir comme si on
20 avait encore la puissance, quand on ne l'a plus, ou quand on ne

l'a plus toute, rien de plus dangereux. Mais soyons justes: il est
tellement intrépide qu'il ne peut vivre en dehors du danger.

ESTIVEL

Chacun creuse sa tombe.

Scène IX

ARALO. ESTIVEL. CARDONA.

CARDONA, avec émotion

Le cardinal n'est plus ici?

ARALO

Il vient de rentrer dans ses appartements. Il veut ne recevoir   5
personne.

> *Cardona ouvre la porte des appartements, mais un valet,*
> *de l'intérieur, lui parle, et il revient en scène.*

CARDONA

Le cardinal me commande de l'accompagner demain chez la
reine!...   10

ARALO

Vous qui vous réjouissiez tant d'être ignoré d'elle! D'où vous
vient cet étrange honneur?

CARDONA

Il me trouvait pusillanime! Il veut me mettre à l'épreuve!

ARALO

Il est Castillan: tout ce qui n'est pas dur l'exaspère.

ESTIVEL

Don Luis, il y a en vous la charmante innocence des combattants   15 valeureux. Faut-il donc vous apprendre que votre oncle n'est pas quelqu'un sur qui vous puissiez vous reposer en toute confiance?

CARDONA

Oui, il faut me l'apprendre: cela me sera utile. Vous connaissez des faits précis?

ESTIVEL

5 En assez grand nombre.

CARDONA

Par exemple?

ARALO

Nous n'allons pas vous dresser contre votre oncle quand vous lui êtes attaché si gentiment.

CARDONA

Je lui suis attaché parce qu'il ne m'a fait que du bien, du moins
10 je le croyais. Mais si j'apprenais de façon certaine...

ESTIVEL

Avez-vous quelquefois touché sa main glacée? Qu'attendez-vous de cet homme?

ARALO

Demain le roi sera là. La reine peut faire pour son fils ce qu'elle n'a fait pour personne: sortir de sa tanière, s'allier avec lui. Ce
15 jour-là, le cardinal ne comptera plus. Songez à vous dans ce branle-bas qui s'annonce.

CARDONA

J'y ai songé. Je ne veux que le fuir, et j'ai demandé au cardinal de me renvoyer à mon corps. Il a refusé brutalement. Et il m'em-mène avec lui chez la reine, qui peut se mettre en tête de vouloir
20 pour moi Dieu sait quoi!

ESTIVEL

Si le cardinal meurt, ou s'il perd son crédit, qu'importerait au roi que vous quittiez Madrid? Il suffirait qu'on vous appuyât un peu.

ARALO

Et l'on s'y emploierait de bon cœur.

ESTIVEL

D'ailleurs, pourquoi quitter Madrid? Il va y avoir deux partis: les Flamands et nous. La fourberie va devenir une vertu natio- 5 nale. Vous avez peut-être intérêt à rester.

CARDONA

Je suis un homme loyal et simple. La situation que vous me décrivez me fait horreur.—Mais quels sont ces faits que vous connaîtriez, où le cardinal aurait agi contre moi?

ESTIVEL

Patience. Vous avez bivouaqué, vécu en vue de l'ennemi: ne 10 pouvez-vous supporter un peu d'anxiété?

CARDONA

De l'anxiété? Vous rêvez. Je respecte en mon oncle l'auteur de tant de grandes choses. Je respecte aussi ce vieil homme qui se crispe, toujours en butte à tous, et qui tient tête à tous. Oui, j'ai touché sa main glacée. Et après? J'ai eu pitié de lui. Je ne 15 l'abandonnerai pas. Vous perdez votre peine. A la grâce de Dieu.

ESTIVEL

A la grâce de Dieu. A la grâce du Diable.

CARDONA

D'ailleurs, ne me prenez pas pour un naïf. Je sais sur mon oncle des choses...

ARALO

Tiens! Quoi donc? 20

CARDONA

Rien.—Rien en tout cas que je vous dise jamais.

Exit Cardona.

Scène X

ESTIVEL.   ARALO.

ESTIVEL

Vous avez vu comme on peut l'insulter impunément?

ARALO

C'était à prévoir.

ESTIVEL

Le prévoir à quoi?[55]

ARALO

A ses yeux. Il a des yeux de lâche. Cela ne peut se celer.

ESTIVEL

[5] Le plus singulier est qu'il est très sincère quand il se dit un homme loyal.

ARALO

Et que peut-il «savoir» sur son oncle?

ESTIVEL

Rien, j'imagine, comme il nous l'a dit.

ARALO

Enfin, pour le moment, voilà un bon neveu.

ESTIVEL

[10] Et voilà un oncle qui se croit en sûreté, parce que rien en ce moment ne lui arrive. Mais les armées marchent la nuit.

---

[55] **Le prévoir à quoi?:** How was it foreseeable?

Questionnaire

Scène I

1. Pourquoi Estivel et Aralo désirent-ils la mort du Cardinal Cisneros?

2. Aralo affirme: «Vivre vieux, c'est une question de haine». Essayez d'expliquer cet aphorisme.

3. Aralo remarque que Cisneros «marche à pas de mouche». Quelle phrase serait plus usuelle en français?

4. Estivel constate à la fin de la scène que Cardona (et Cisneros d'ailleurs) est «ambigu». Expliquez le sens de cet adjectif lorsqu'il s'applique à Cisneros.

Scène II

1. Pourquoi Cardona dédaigne-t-il Charles Ier?

2. Depuis quand Charles, l'ancien Charles d'Autriche, est-il roi des Espagnes?

3. Sauriez-vous expliquer pourquoi Aralo dit de Jeanne la Folle: «Elle est le tout, et elle n'est rien»?

4. A quoi voit-on que Cardona soutient son oncle?

5. En quoi Cardona montre-t-il son manque d'affection pour son oncle?

Scène III

1. Comment Estivel et Aralo montrent-ils leur médiocrité?

2. Aralo dit que Cardona lui rappelle Jeanne. Pourquoi?

3. Dans quelle mesure les trois premières scènes reflètent-elles l'atmosphère psychologique de toute la pièce?

Scènes IV-V

1. Qu'est-ce qui caractérise Cisneros à première vue?

2. Commentez le ton de la scène IV, scène qui pourrait sembler peu à propos.

3. Pensez-vous que Cisneros comprenne le dédain de ceux qui l'entourent? Précisez votre réponse.

4. Le Cardinal sait-il que sa carrière sera terminée dès l'arrivée de Charles? Justifiez votre réponse.

5. Relevez quelques exemples de la «dureté» de Cisneros dans la scène V.

Scènes VI-VII

1. Montrez en quoi la scène VI, ou «intermède», ne correspond guère à la tradition française.

2. Comment Cisneros, dans la scène VII, justifie-t-il l'intermède comique?

3. Pourquoi Cisneros ne dort-il pas bien la nuit?

4. Y a-t-il mélange de langage noble et de langue de tous les jours dans la scène VII? Donnez des exemples.

5. Pensez-vous que Cisneros et Cardona soient toujours du même avis en ce qui concerne l'église et l'état? Essayez de préciser les différences majeures entre leurs points de vue.

6. Pour quelle raison Cisneros mentionne-t-il la femme de Cardona?

7. Qu'est-ce que Cisneros entend par «charité»? Donne-t-il à ce terme un sens traditionnel?

8. Selon Cisneros, quels sont les défauts de Cardona?

9. Pouvez-vous imaginer pourquoi Cisneros trouverait intéressante la présence d'un nain?

10. Pourquoi la réaction de Cardona à la fin de la scène VII est-elle violente?

Scènes VIII-X

1. Dans quelle mesure Cisneros est-il changé?

2. Que signifie la réplique d'Estivel: «Chacun creuse sa tombe»?

3. Pourquoi Montherlant a-t-il créé les nombreuses scènes où Aralo et Estivel sont seuls?

4. Comment Cardona révèle-t-il sa faiblesse de caractère dans la scène IX?

5. Commentez brièvement la phrase d'Estivel: «Mais les armées marchent la nuit».

Acte II

CISNEROS.—«Elle voit l'évidence, et c'est pourquoi elle est folle.»   *Acte III, scène II.*

Toute l'histoire du monde est une histoire de nuages qui se construisent, se détruisent, se dissipent, se reconstruisent en des combinaisons différentes,—sans plus de signification ni d'importance dans le monde que dans le ciel.   H.M.

Carnets, p. 41, année 1931.

Acte II

Le lendemain.
La chambre de la reine Jeanne, dans son château de Madrid.
Sans être précisément tendue de noir, la pièce est tout entière
dans une tonalité de noir et de gris. Une petite fenêtre grillée.
Un lit à baldaquin, très simple, un fauteuil à dossier droit, très
haut, monté sur une estrade de trois marches, une chaise, un 5
tabouret. Impression de vétusté morose.

Scène I

DEUX DEMOISELLES D'HONNEUR.

PREMIERE DEMOISELLE D'HONNEUR

Sa Majesté[1] a bien voulu déjeuner un peu ce matin. Comme elle
s'était enfermée à double tour, on avait posé les plats par terre
devant sa porte. Mais, hier, il paraît qu'il a fallu lui lier encore
les bras avec la corde, et la faire manger de force, tant elle se 10
débattait: oh! quelle horreur! Elle était restée trois jours sans
manger, ni parler, ni dormir, assise, son menton sur sa main. Et
nous, qui ne pouvions même pas la déshabiller pour qu'elle se
couche!

DEUXIEME DEMOISELLE D'HONNEUR

Elle jette la nourriture par la fenêtre, pour faire croire qu'elle a 15
mangé. Tiens, elle a encore caché un plat garni sous le coffre...
(*Elle saisit le plat.*)

---

[1] **Sa Majesté** = Her Majesty (Juana).

49

PREMIERE DEMOISELLE D'HONNEUR

Quelquefois elle est comme une bête, et puis soudain, sur elle,
il passe un reflet de royauté... Penser que c'est la même dame
qui, la semaine dernière, répondait dans le meilleur latin, paraît-
il, à M. le Chanoine Silvana! Et même discutait avec lui! Mais
5 d'abord elle avait eu peur. Quand se présente à elle quelque
chose du dehors, on dirait un oiseau de nuit jeté à la lumière et
aveugle, dans un monde dont elle ne sait rien, et ne veut rien
savoir.

DEUXIEME DEMOISELLE D'HONNEUR

Quelle vie pour la petite infante![2] Avoir dix ans, et croupir dans
10 cette oubliette, auprès d'une mère folle et qui se désintéresse
d'elle! Qui reste huit jours sans la voir, puis ne peut plus se
passer de sa présence, puis l'oublie à nouveau.

PREMIERE DEMOISELLE D'HONNEUR

Elle arrive. On vient de l'habiller pour l'audience. Elle doit être
furieuse d'être vêtue convenablement, elle qui vit en loques.
15 Gare à nous.

Scène II

LA REINE JEANNE.   DONA INES MANRIQUE,
Dame d'honneur.
LES TROIS DEMOISELLES D'HONNEUR.   D. FELIPE UHAGON.
DEUX VALETS MAURES.

*La reine entre, Uhagon à son côté. Un peu en retrait, Doña Inès
Manrique, les trois demoiselles d'honneur, et deux valets
maures. Ceux-ci resteront debout à l'arrière-plan.*

La reine est vêtue d'un large robe de drap noir; autour du
20 *visage, une coiffe blanche. Elle est enveloppée de la tête aux*

---

[2] **la petite infante** = Juana's daughter.

pieds d'un long voile noir. Son aspect est celui d'une religieuse.
Elle a la face émaciée et blême, les yeux cernés, le regard tantôt
dur, tantôt douloureux et tantôt absent. Elle tiendra souvent les
mains cachées dans les manches de sa robe. Parfois, durant la
scène III, quand elle prendra la parole, elle les crispera, dans son   5
effort pour parler, sur les bras de son fauteuil. Il n'est malheu-
reusement pas possible de montrer au spectateur (au-delà du
troisième rang de l'orchestre) que ses ongles sont noirs.
    Toutes ses répliques à Uhagon, au début de la présente scène,
      sont prononcées avec beaucoup de dignité.   10

LA REINE

Je ne signerai pas ces actes. Je ne connais pas les dossiers. On
ordonne seulement dans une question que l'on connaît bien, et,
cela, surtout quand on règne.

UHAGON

J'ai eu l'honneur de résumer pour Votre Majesté l'état de cha-
cune de ces affaires.   15

LA REINE

On ne juge pas sur un résumé, mais sur un dossier détaillé. Les
détails sont tout.

UHAGON

Il est impossible de donner aux rois un détail minutieux de cha-
cune des affaires du royaume!

LA REINE

On devrait donc signer n'importe quoi au hasard, quand le sort   20
d'êtres humains dépend de votre signature. Je ne signerai pas.

UHAGON

Voilà plus de trois semaines, Madame, que ces affaires demeurent en suspens, faute de votre signature...

LA REINE

Il faut toujours tout remettre au lendemain. Les trois quarts des choses s'arrangent d'elles-mêmes.—Je vous ai assez parlé.

Exit Uhagon.

LA REINE, *sur un tout autre ton, aux dames d'honneur*

Je l'ai giflé,[3] il m'a rendu le coup, je l'ai giflé encore, il me l'a encore rendu, et toujours il était plus rapide que moi. Vous l'auriez
5 vu! Il avait les yeux fermés, de colère, et sa moustache était hérissée au-dessus de ses dents découvertes.

PREMIERE DEMOISELLE D'HONNEUR

Si Votre Majesté se bat sans cesse avec ses chats...

LA REINE

Un chat en rut a dévoré ma mère et moi aussi me dévorera. Déjà mes mains sont couvertes d'égratignures. (*Elle baise une de ses*
10 *mains.*)

PREMIERE DEMOISELLE D'HONNEUR

Et votre visage! Est-ce un des chats qui a égratigné votre visage?

LA REINE

Non, ce sont les chauves-souris qui volettent sans cesse autour de ma tête. Ah! que je suis malheureuse. Tout le monde me veut du mal.

DEUXIEME DEMOISELLE D'HONNEUR
15 Il y a aussi des gens qui vous aiment, Madame.

LA REINE

Oh non! Qui pourrait m'aimer?

DEUXIEME DEMOISELLE D'HONNEUR

Vous avez un peuple fidèle.

---

[3] Juana's sudden digressions of speech and manner underline her madness. Here, she refers to her cat.

LA REINE

Où cela?

DEUXIEME DEMOISELLE D'HONNEUR, *soulevant le rideau*
de la fenêtre

Là.

LA REINE, *avec un geste de frayeur, se détournant*
de la fenêtre

Oh! Dieu!

DONA INES

Vous ne pensez guère à Dieu, Madame, mais vous invoquez son
saint nom.   5

LA REINE

Comment ne nommerait-on pas Dieu, quand on crie?

DONA INES

M. le Cardinal, lui aussi, ne vous veut que du bien. C'est lui qui
nous a mises auprès de vous pour vous servir honorablement,
à la place des méchants qui vous négligeaient avant nous.

LA REINE

J'aimais l'oubli et l'abandon où j'étais. J'y reposais comme au 10
fond de la mer.

DONA INES

Et être maltraitée, aimiez-vous être maltraitée?

LA REINE

Je ne sais pas.

TROISIEME DEMOISELLE D'HONNEUR

Votre Majesté n'est-elle pas contente de revoir bientôt son royal
fils?[4]   15

---

[4] **son royal fils** = Charles I returning to Spain from Flanders.

LA REINE

Je ne sais pas. Ce qui devrait me faire plaisir ne me fait pas plaisir, mais ce qui devrait me faire de la peine m'en fait.

DONA INES

M. le Cardinal a fait préparer aussi pour vous des chambres ar-rangées en vue de l'hiver, qui s'annonce si rude, avec des nattes
5 sur le carreau, des tapisseries aux murs, des bourrelets aux fenê-tres. Et des chambres exposées au soleil, s'il doit y avoir un peu de soleil. Et Votre Majesté ne veut pas y aller! Changer cette chambre de mort contre des chambres de vie!

LA REINE

Une veuve ne recherche pas un autre soleil, quand son unique
10 soleil[5] s'est éteint pour toujours. C'est contre ma volonté que ces arrangements ont été faits. Je ne bougerai pas d'ici. D'ailleurs, ces chambres sont trop loin.

DONA INES

Trop loin!... Elles sont à l'autre bout du couloir, Madame, à quelques pas!

LA REINE

15 Quelques pas, c'est beaucoup. Tout est si loin! Tout est si loin! (*regardant son habit*) Pourquoi m'avez-vous vêtue de satin et de soie? Le drap habituel eût suffi.

PREMIERE DEMOISELLE D'HONNEUR

Mais cette robe est de drap, Madame!

LA REINE

M'habiller est toujours le pire moment de la journée, car c'est
20 m'habiller pour quoi? Pour rien. Alors, à quoi bon m'habiller?—
Qu'il me déplaît de mettre ces beaux habits! Cela va les user.—
Oh! il y a un bouton à recoudre. Vous me mettez un vêtement neuf, et vous n'avez même pas vu qu'il y a un bouton à re-

---

[5] **son unique soleil: soleil** symbolizes Juana's dead husband, King Philip I of Castile.

coudre. (*Elle se lève, saisit une paire de ciseaux sur une table, et cherche à en frapper la troisième demoiselle d'honneur, qui s'enfuit.*) Viens ici, que je te tue! Fille de rien, plus ordurière que la mère qui t'a enfantée! Quand tu m'habilles, tu me piques toujours avec les épingles, exprès! 5

DONA INES

Madame, ces ciseaux! Je vous en prie!
La reine se laisse désarmer très facilement par Doña Inès. Durant toute cette scène, les deux valets maures sont restés debout à l'arrière-plan, imperturbables.

LA REINE, *sans transition, sur le ton le plus calme*

Je vais recoudre ce bouton moi-même. Tout ce qui est bien 10 cousu dans mes habits, c'est moi qui l'ai cousu.

DONA INES, *bas*

Toujours les petites choses...

LA REINE

Les grandes choses sont sans importance. Les petites choses en ont.

DONA INES

Votre Majesté devrait se laver les mains. 15

LA REINE

Non.

DONA INES

Seulement un peu. Le bout des doigts.

LA REINE

Non. Cela les salirait.

LE MAJORDOME, *entrant*

Sa révérendissime Seigneurie[6] arrive à la porte du palais.

_____
[6] **Sa révérendissime Seigneurie** = Cisneros.

LA REINE

Je ne me sens pas bien. Je crois que je vais perdre connaissance.

DONA INES

Madame, tenez-vous, faites un effort. Relevez votre voile.

LA REINE

Oh! il va me voir.—Il parle plus fort que moi. Il va vouloir me faire signer des choses. Je ne signerai rien. Est-ce qu'il y aura des
5 notaires pour marquer tout ce que je dis?

DONA INES

Mais non, Madame!

LA REINE

Je ne le recevrai pas, je n'en ai pas la force. Il faut lui dire que je suis malade...

DONA INES

Ce n'est pas possible, Madame! Il est en bas. Il va entrer.

PREMIERE DEMOISELLE D'HONNEUR

10 On a réparé votre clavicorde. Votre Majesté pourra en jouer, aussitôt que Sa Seigneurie sera partie.

LA REINE

Non.

PREMIERE DEMOISELLE D'HONNEUR

N'aimez-vous pas le clavicorde?

LA REINE

Non.

PREMIERE DEMOISELLE D'HONNEUR

15 Vous en jouez cependant quelquefois.

LA REINE

J'en joue, mais je ne l'aime pas.

Bruit à la porte.

DONA INES

N'oubliez pas, Madame,—il y a si longtemps que vous n'avez
reçu Sa Seigneurie...—d'aller un peu à sa rencontre,[7] de lui
baiser l'anneau...

LA REINE, *avec passion*

Je me ferais tuer plutôt que de baiser la main d'un homme!   5

Scène III

LA REINE. LE CARDINAL CISNEROS *et* SA SUITE, *puis* LA
REINE *et* CISNEROS *seuls.*

*Des valets ouvrent la porte. Duque de Estrada entre et dit:
«Madame, le Cardinal d'Espagne.» Le cardinal paraît; il est en
grande tenue cardinalice (coiffé du grand chapeau),[8] quoique
avec les pieds nus comme au premier acte. Il est précédé d'un
diacre portant la haute croix d'argent qui désigne le Primat des*   10
*Espagnes, entouré de six moines franciscains, et suivi de plu-
sieurs seigneurs, qui s'arrêtent aux entours de la porte, sauf*

---

[7] **d'aller un peu à sa rencontre:** to meet him (somewhat) halfway.

[8] **grand chapeau:** The wide-brimmed, shallow-crowned scarlet *galero*
(Latin: *galerum rubrum*) was formerly worn by Bishops, Archbishops, and
Cardinals, and it is here worn by Cisneros. This medieval hat for the rank
of Cardinal has thirty long cords with tassels (fifteen on each side) suspended from the crown; when formerly worn, they were tied beneath the
chin. Today, the *galero*, while never worn, is bestowed by the Pope at the
time of investiture at the Vatican, is placed on the bier when the prelate
dies, and is sometimes suspended, again after death, from the church
arch between the altar and the nave. Note that in Act II Cisneros' dominant color is crimson (used for cardinals since the 13th century): his
galero, his sash and cassock, and the *cappa magna* (great cape). In contrast, of course, are the sandals, coarse linen shirt and hair shirt, symbol-
izing Cisneros' life as a Franciscan monk.

Cardona, qui entre. Aussitôt que le cardinal est entré, la reine a
baissé davantage son voile. Tout le monde, sauf le cardinal, met
un genou en terre.

    La reine descend de son estrade, va d'un pas vers le cardinal et
5 *esquisse la révérence. Elle fait le geste de lui baiser l'anneau; lui,*
il fait le geste de lui baiser la main, mais la reine retire vivement
la main, l'essuie à sa robe, et ensuite la lui tend. Le double baise-
ment de l'anneau par la reine et de la main par le cardinal n'est
qu'ébauché de façon confuse, comme pour ne pas appuyer sur
10 *un protocole délicat. La reine remonte à son fauteuil, où elle*
s'assied. Estrada fait signe qu'on apporte une chaise au cardinal,
et le cardinal s'assied sur la chaise devant la reine, Cardona res-
tant toujours un genou en terre. Estrada fait signe que les autres
personnages se retirent, ainsi que les valets maures, et se retire
15 *lui-même. Seuls demeurent la reine, le cardinal et Cardona.*

LA REINE

Le chapeau, Cardinal.[9]
Un instant interdit, le cardinal fait tomber en arrière son cha-
peau (retenu par des brides).

CISNEROS

Madame, il y a un an que Votre Majesté m'a interdit l'entrée de
20 son palais...

LA REINE, *désignant Cardona*

Qui est cet homme?

CISNEROS

Le capitaine Cardona, mon petit-neveu, pour qui le service du
royaume...

LA REINE

Qu'il sorte. (*Un silence. A Cardona*) Sors. (*au cardinal*) Je n'aime
25 pas les visages. (*Cardona se retire, mais on sentira sa présence,*
dans la pièce d'entrée, contre la porte entrebâillée de la chambre
royale.)

---

[9] Juana notes that Cisneros forgot to remove his *galero*.

CISNEROS

Madame, la présence du capitaine Cardona avait été acceptée par Votre Majesté...

LA REINE

Vous avez voulu me parler. Qu'avez-vous à me dire?

Un silence.

CISNEROS

Madame, depuis un an vous avez refusé de me donner audience. Pourtant vous le faites enfin, et j'en rends grâces à Votre Majesté. C'est que la circonstance est de poids. Le roi votre fils sera dans quelques jours à Madrid.

LA REINE

Toujours des faits! Toujours des faits!

CISNEROS

Vous recevrez le roi, n'est-ce pas, comme vous l'avez promis?

LA REINE

Non.

CISNEROS

Comment! le fils du grand roi qui a été l'unique affection de votre vie!

LA REINE

Oui, je le recevrai. Quel âge a-t-il? Il doit bien avoir trente ans.

CISNEROS

Il a dix-sept ans.

LA REINE

L'âge où je me suis mariée. Le roi[10] en avait dix-huit.

CISNEROS

Madame, il faut que vous...

[10] **Le roi** = Philip I of Castile.

LA REINE

Il «faut que je»?[11]

CISNEROS

Il est très souhaitable, dans l'intérêt de l'Etat, que vous receviez le roi entourée d'une certaine pompe, que vous usiez de cet événement pour vous montrer au peuple, même si vous refusez de
5 participer aux affaires. Les petites gens se prennent avec de l'ostentation.

LA REINE

C'est pour cela que vous avez les pieds nus? Avec un saphir au doigt.

CISNEROS

J'ai les pieds nus parce que je suis moine franciscain. J'ai un
10 saphir au doigt parce que je suis cardinal, et que le pape m'a ordonné de paraître comme un cardinal doit paraître.

LA REINE

C'est juste.

CISNEROS

Il y a onze ans que Votre Majesté n'assiste plus à aucune cérémonie, qu'elle ne se laisse plus voir par personne. Je sais que
15 Votre Majesté a ses raisons...

LA REINE

Mes raisons sont que cela me plaît ainsi.

CISNEROS

Vous ne gouvernez pas, et vous ne sortez pas. Mais on ne vous reproche pas de ne pas gouverner. On vous reproche de ne pas sortir.

---

[11] **Il «faut que je»?**: I *must*? Juana imperiously reminds Cisneros that she is Queen. Note that Cisneros then rephrases his remark: «**Il est très souhaitable . . .»**

LA REINE

Autrefois, je voulais sortir, et on ne me permettait pas de sortir.

CISNEROS

Aujourd'hui vous vous cachez tellement qu'il y en a qui croient que vous êtes morte.

LA REINE

J'aime beaucoup que l'on me croie morte. Vous ne posez jamais le regard sur moi: mon visage vous fait peur? Vous voyez ces 5 marques? Ce sont les chauves-souris. Elles sont sans cesse autour de ma tête. Je ne veux pas me montrer parce que mon visage fait peur. Et je ne veux pas parler parce que, quand je parle, je ne peux plus cacher que je suis folle. Un peu de douceur me guérirait, mais je sais que c'est demander beaucoup. 10

CISNEROS

Personne n'a jamais dit que vous étiez...

LA REINE

Si, vous, avant quiconque. Nul n'a voulu avec plus d'âpreté que vous que je sois prisonnière ici. Et vous avez tout fait pour qu'il soit déclaré solennellement par les Cortès que j'étais folle, et incapable. Et ç'a été votre premier acte quand vous avez eu les 15 pleins pouvoirs. Aujourd'hui, tantôt on dit que je suis folle, tantôt que j'ai tout mon sens, selon les intérêts politiques du moment. En réalité je suis folle; les gamins qui jouent sous ma fenêtre le crient toute la journée. En mai je le serai davantage encore, avec les premières chaleurs. La chaleur tourne le vin et 20 les cerveaux. La chaleur est horrible. Le froid est horrible. Tout est horrible. Si on savait contre quoi j'ai à lutter, on trouverait déjà admirable que je sois ici à m'entretenir avec vous. Pourquoi êtes-vous venu me voir?

CISNEROS

Parce que cela me plaît ainsi. (*plus doucement*) Madame, que 25 Votre Majesté me croie, il vaudrait la peine de...

LA REINE

Rien ne «vaut la peine de».

CISNEROS

Le roi et la reine règnent ensemble...[12]

LA REINE, *se redressant avec vivacité, et rejetant en arrière*
son voile.

La reine et le roi règnent ensemble. Dans les actes, je suis nom-
mée la première.

CISNEROS

5 Votre Majesté a raison d'être très stricte sur les égards.

LA REINE

Tout est blessure, quand on est blessé.

CISNEROS

Eh bien! que la reine et le roi règnent ensemble, cela doit être
montré à tous de façon éclatante.

LA REINE, *s'effondrant soudain*

Je suis fatiguée. Ne me laissez pas me jeter sur mon lit. Si je
10 m'y jetais, je ne pourrais plus me relever. (*Elle boit dans un bol*
de terre.)[13] Je ne peux plus faire un geste, que boire un peu d'eau
passée dans de la neige, quand je souffre trop. C'est cette petite
eau qui me maintient en vie toute la journée. Il faut que je vive
au moins jusqu'au moment où je boirai ma petite eau. Jadis je
15 mourais ainsi tant que je n'avais pas vu le roi Philippe. C'est
lui qui était ma petite eau. Il y a onze ans—depuis sa mort—que
je regarde les choses d'ici-bas comme les regarde celui qui sait
que dans quelques jours il aura cessé d'être: avec une indifférence sans rivages et sans fond. (*Elle boit encore.*) Pourquoi
20 ferais-je d'autres actes que celui de boire, puisque je n'ai pas

---

[12] **Le roi et la reine règnent ensemble:** Cisneros suggests that Juana
and her son Charles govern Spain together.
[13] **bol de terre:** The earthenware bowl and the water it contains symbolize Juana's love for her dead husband Philip.

envie de ce qu'ils me feraient obtenir? Aussi je ne les fais pas, ou, si je les fais, c'est avec une telle souffrance... Et, au-delà de cet acte fait, il y a une autre souffrance, parce qu'il n'y a plus d'acte à faire, et alors c'est le vide.

CISNEROS

Tout cela, Madame, doit vous donner des journées bien longues. 5

LA REINE

Mourir est très long. Mais d'aventure, la nuit, dans un de mes sommes intermittents et brefs, j'ai un beau rêve—toujours avec mon roi Philippe—qui rachète mille heures de mes journées, et je ne me couche jamais sans dire: «Seigneur, rendez-moi dans mes rêves ce que vous m'avez retiré dans la vie.»   10

CISNEROS

Dieu ne s'occupe pas de nos rêves. La Puissance des Ténèbres[14] s'en occupe.

LA REINE

Ne m'épouvantez pas sur le peu de bonheur qui me reste ici-bas.

CISNEROS

La plupart des bonheurs doivent être attentivement surveillés.

LA REINE

S'il m'arrive quelque chose de trop cruel, je songe à mon mari, 15 et pour un moment le monde m'est rendu tolérable. Il y a dans ma vie un souvenir et c'est cela qui me permet de supporter cette vie. Rien d'autre ne me le permettrait. Il y a un souvenir, et rien. Et, quand je souhaite trop la mort, je me dis que, morte, je ne me souviendrai plus, et je n'ai plus envie de mourir.   20

CISNEROS, *après avoir réprimé un mouvement d'impatience*

Eh bien! Madame, voilà des pensées qui ne vous portent pas au règne.

---

[14] **La Puissance des Ténèbres = le diable.**

LA REINE

Il y avait un roi qui s'appelait Philippe. Sa peau sentait bon. Ses cheveux sentaient bon...

CISNEROS

Allons! le roi vous frappait, il vous enfermait à clef des jours et des jours, il vous trompait avec n'importe qui, votre foyer était
5 un enfer. Pardonnez-moi, ce sont là des faits qui ont couru toute l'Europe.[15] [—Mais «que serait-ce, n'est-ce pas, qu'être fidèle, si on n'était fidèle qu'à ceux qui vous aiment?»

LA REINE

Oui, voilà qui est bien dit.

CISNEROS

Quelqu'un le disait hier en ma présence.]

LA REINE

10 Parfois, l'été, il dormait nu...

CISNEROS

Madame, je vous en prie!

LA REINE

Alors sa poitrine était comme les montagnes. Ses jambes étaient comme les racines quand elles s'étendent au pied des arbres. Sa toison était comme la toison des bêtes...

CISNEROS

15 Madame, il ne me faut pas moins que la plus forte prière intérieure pour chasser les images affreuses que vous évoquez. Je vous conjure de ne pas continuer.

LA REINE

Dans toute ma famille, et tout ce qui m'approche,[16] et cela depuis que j'existe, je n'ai connu personne que moi qui aimât. J'en

[15] Historians indicate that Philip did abuse Juana.
[16] **et tout ce qui m'approche:** and everyone near me.

ai vu prendre des mines horrifiées parce que j'avais baisé les pieds de mon roi mort. C'est qu'ils n'avaient jamais aimé. Il y a toujours deux mondes impénétrables l'un pour l'autre. Le monde des prisonniers et le monde des hommes libres. Le monde des malades et le monde des bien-portants. Le monde des vain- 5 queurs et le monde des vaincus. Le monde de ceux qui aiment et le monde de ceux qui n'aiment pas. Je suis du monde de ceux qui aiment, et ne suis même que de ce monde-là. Vous n'êtes pas de ce monde, et n'avez pas notion de ce qu'il est.

CISNEROS, *rompant brutalement*

Lorsque le roi viendra, Madame, ne le recevrez-vous donc qu'ici? 10

LA REINE

Oui, je ne le recevrai qu'ici.

CISNEROS

Dans cette chambre tellement... si peu...

LA REINE

Toujours les apparences.

CISNEROS

Et pendant que Madrid sera en fête...

LA REINE

La joie des autres me fait peur. Les vivats et les musiques seront 15 pour moi des rugissements de bêtes fauves. Je demeurerai im-mobile dans l'ombre, couchée sur le souvenir de celui que j'ai-mais, comme une chienne sur le tombeau de son maître;[17] et je hurlerai quelquefois à la mort, en moi-même.

---

[17] Juana sees herself as a dog lying at the feet of her master (Philip), as depicted in the mortuary **gisants** (reclining effigies) placed on top of the tombs of nobles. In such configurations, usually in marble, the noble's pet animal is often reproduced.

CISNEROS

Maintenant le monde est en pleine lumière. Vous seule vous êtes
restée dans les ténèbres.

LA REINE

Les ténèbres me plaisent; avec la fin du jour je suis mieux. En
me dérobant tout objet, l'obscurité me permet de ne penser qu'à
5 ma peine. Je suis morte de chagrin le jour que mon époux est
mort.

CISNEROS

On ne meurt pas de chagrin en Castille. Peut-être qu'à Naples[18]
ou aux Flandres on meurt de chagrin. Mais notre race[19] est d'un
autre métal, et on ne meurt pas de chagrin chez nous.

LA REINE

10 Vous ne savez donc pas, vous, ce qu'est la souffrance?

CISNEROS

Mon grand âge et mon amour de Dieu m'ont mis au-delà de
toute souffrance.

LA REINE

Si la douleur poussait de la fumée comme la flamme, la terre
vivrait dans une éternelle nuit. Et vous cependant vous lui
15 échappez!

CISNEROS

Votre douleur, Madame, ne peut pas être entière, puisque l'Infante vit auprès de vous.

LA REINE, *avec une soudaine frénésie*

Où est ma petite fille, mon ange? Qu'on me donne ma petite
fille, je veux l'avoir tout de suite! Elle a des dents mauvaises,
20 comme son père; c'est pour cela que je l'aime. Elle montera sur

---

[18] Reference to the Kingdom of Naples, then a part of the Spanish
Empire.
[19] A further reference to *raza pura* possessed by Castilians.

moi, elle me frappera la gorge avec ses petits poings... Ma fille!
Je veux ma fille! Je la veux à tout prix!

DONA INES, *entrant timidement dans la pièce et faisant signe*
aux trois demoiselles d'honneur, qui allaient la suivre, de ne pas
le faire   5

Madame, l'Infante est en train de déjeuner. Elle viendra aussitôt
que Sa Seigneurie sera partie. A moins que... (*Elle se tourne*
vers Cisneros, qui ne dit rien, l'air glacial.) Oh! je m'excuse
d'avoir osé pénétrer... Mais Sa Majesté me semblait si... J'ai
cru... (*Elle se retire à reculons, avec confusion.*)   10
Un silence.

CISNEROS

Dans quelques instants, Madame, vous retrouverez l'Infante.
Vous pourrez lui apprendre, entre autres choses, que lorsqu'on
a des devoirs, et lorsqu'on a la foi, on n'a que peu de raisons de
souffrir. Ceci pour répondre à cet étonnement que vous faisiez
paraître, parce que vous pensiez que j'échappe à la douleur.   15
Mais vous, Madame, vous écartez les devoirs et vous écartez
la foi. Les devoirs? Vous voulez régner, vous ne voulez pas
gouverner. Penser que, tandis que vous êtes confinée ici dans la
solitude, l'Espagne est à vous, et les Flandres, et le royaume de
Naples, et ce nouveau continent, les Indes, ce don glorieux de   20
la Providence...

LA REINE

Il faut mettre de l'ordre dans les Indes, quand on n'est pas
capable de mettre de l'ordre chez soi!

CISNEROS

Jadis, Gonzalve de Cordoue[20] a sollicité de vous une audience,
Christophe Colomb a écrit pour vous proposer ses services.   25
En vain. Si alors vous aviez reçu ces hommes supérieurs...

LA REINE

A quoi bon? Je n'avais rien à leur dire.

[20] **Gonzalve de Cordoue** = Gonzalo de Córdoba (see Act I, note 35).

CISNEROS

Ils vous apportaient sans doute de grandes idées.

LA REINE

Les idées, cela n'est pas sérieux. Les choses dont ils m'auraient parlé ne m'intéressent pas. Ce sont des nuages qui changent de forme et enfin se dissipent. On me demande pourquoi je vis en-
5 tourée de chats, malgré les peines qu'ils me causent. Parce que les chats ne s'occupent ni des idées ni des Empires. Cela fait un lien entre eux et moi.

CISNEROS

Je comprendrais, Madame, que vous refusiez le monde afin de vous donner complètement à Dieu. Mais, au contraire, cette
10 répugnance qu'a Votre Majesté pour tout acte de religion, et cela depuis si longtemps, depuis près de vingt années... Et vous n'aviez pas dix-sept ans, que déjà vous n'aimiez pas la sainte Inquisition,[21] que vous condamniez ses prétendus abus...

LA REINE

On vous a dit que je n'allais pas à la messe. On ne vous a pas
15 dit que je vais quelquefois à ma chapelle quand il n'y a pas la messe. Quand il n'y a rien, comme dans ma vie.

CISNEROS

Dans votre chapelle il n'y a jamais rien. Il y a Dieu, toujours.

LA REINE

Dieu est le rien.

CISNEROS

Madame! Si j'avais l'honneur d'être le directeur de votre con-
20 science,[22] comme je l'ai été de celle de la reine catholique...[23]

---

[21] **la sainte Inquisition:** the Holy Inquisition (see **Personnages,** note 2).
[22] **le directeur de votre conscience:** A **directeur de conscience**—who might well be called a confessor—served families and individuals as a sort of private chaplain, acting as spiritual counselor in matters of faith.
[23] **comme . . . reine catholique:** (just) as I was **directeur de conscience** for the Catholic Queen (Isabella).

LA REINE

Vous ne me dirigeriez pas,[24] car je ne vais nulle part. Et d'ailleurs je ne me confesse guère, vous devez le savoir par vos espions.

CISNEROS

Mes espions! Vous croyez qu'on vous persécute.

LA REINE

Tous ceux qui croient qu'on les persécute sont en effet persécutés.—Je ne vais nulle part, je suis immobile. Mais vous, où allez-vous? Comment pouvez-vous faire un acte? 5

CISNEROS

Je sais très bien où je vais, et j'ai des actes parce que l'Eglise a besoin d'eux.

LA REINE

L'Eglise n'a pas besoin de vos actes. Le moulin tournera toujours, avec ou sans vous. 10

CISNEROS, *se levant*

Madame, avez-vous pensé à ce que vous dites, et savez-vous bien à qui vous parlez?

LA REINE

Je parle au Cardinal d'Espagne, archevêque de Tolède, primat des Espagnes, régent et chancelier de Castille, Grand Inquisiteur de Castille et de Leon, qui n'est que poussière comme son bouffon[25] et comme nous tous. 15

---

[24] **Vous ne me dirigeriez pas:** You would not guide my conscience (my spiritual life). But Juana uses the verb's other meaning when she adds: «. . . car je ne vais nulle part.»

[25] **comme son bouffon:** reference to Cisneros' dwarf.

CISNEROS

Madame, le frère Hernando de Talavera[26] a refusé de s'agenouiller devant la reine Isabelle pour recevoir sa confession,
comme c'était la coutume; il lui a dit qu'il représentait Dieu,
qui ne s'agenouille pas. Et moi, le frère François,[27] je refuse
5 d'entendre parler comme vous parlez de la sainte Eglise et de
moi-même. En moi aussi c'est Dieu que vous offensez.

LA REINE

Et moi, quand vous m'offensez, c'est moi. (*Un silence. Puis la
reine semble chercher quelque chose.*) Je croyais que j'avais là
ma petite eau, mais comme je ne sais pas ce que je fais... (*Elle
10 retrouve le bol d'eau.*) Ah! (*Elle boit un peu d'eau. Silence.*)

CISNEROS

Votre Majesté n'emploie pas les formes qui sont d'usage quand
on parle à ce que je suis. Personne ne m'a jamais parlé comme
Votre Majesté me parle.

LA REINE

Cela est naturel.

CISNEROS

15 Votre volonté est tendue contre Dieu Notre Seigneur.

LA REINE

L'affront que Dieu m'a fait en m'enlevant mon mari... Sup-
posé que ce soit Dieu qui me l'ait enlevé.

CISNEROS

Et qui donc serait-ce, sinon Lui?

LA REINE

La mort, simplement.

---

[26] Hernando de Talavera was Archbishop of Granada (1492–1507) and,
in historical terms, was pushed aside by Cisneros during the Christianization of that city because the Cardinal found him inept and too charitable toward the Moors.
[27] **le frère François** = Francisco (Cisneros).

CISNEROS

La volonté divine... (*La reine rit.*) Pourquoi riez-vous? Est-ce que... est-ce que vous ne croyez pas à la volonté divine? Dites au moins une fois devant moi, avant que je me retire: «Mon Dieu, que votre volonté soit faite, et non la mienne.»[28]

LA REINE

Mon Dieu, faites-moi la grâce[29] que je fasse toute ma vie ma 5
volonté et non la vôtre. Non, mon Dieu, je ne ferai jamais la vôtre.

CISNEROS, *frémissant*

Madame, ceci est blasphémer! Et vous n'allez pas à la messe, et vous n'avez pas d'images pieuses sur vos murs, et vous ne prenez pas les Sacrements! Savez-vous qu'il y a de vos sujets 10
qui sont brûlés pour moins que cela?

LA REINE, *précipitamment*

Ce sont mes dames d'honneur qui renversent l'autel et arrachent les images des murs...

CISNEROS

Je vais ordonner une enquête, et si vos dames d'honneur font ce que vous dites, je les ferai déférer au tribunal de l'Inquisition. 15

LA REINE, *précipitamment*

Je crois tous les articles de la foi, Monseigneur, et je suis prête à me confesser et à communier... D'ailleurs, j'ai été deux fois à la messe ces temps-ci. Je suis bonne chrétienne, Monseigneur. Et je n'ai pas blasphémé, non, je n'ai pas blasphémé! Mais je suis si habituée à être seule—et aussi je dors si peu—que je 20
ne suis plus bien maîtresse de ce que je dis. Et puis, quoi que je dise, cela est toujours tourné contre moi. Tout ce que je fais est mal...

[28] Quotation from the *Pater Noster*, or Lord's Prayer.
[29] **faites-moi la grâce:** permit me.

CISNEROS

Madame, avec votre permission, je vous baise les mains et je
me retire. Je me retire de votre royale présence, mais non pas
du service du royaume, comme j'en eus l'envie naguère quand
Votre Majesté m'interdit l'entrée de son palais. L'Eglise peut
5 se passer de moi peut-être; l'Etat, cela est moins sûr. Il faut
bien que quelqu'un la porte, cette Espagne que vous vous refusez à porter. Et le roi n'y est pas prêt, pour un temps encore.

LA REINE

J'ai toujours cru que l'entrée dans les ordres[30] était une mort
au monde. Vous avez conçu cela différemment. Dieu et César
10 ensemble: comment accordez-vous cela?

CISNEROS

La grâce de Dieu l'accorde.

LA REINE

Et à votre âge! A votre âge, s'efforcer n'est plus une vertu, c'est
une manie. Etre habile à quatre-vingt-deux ans! Ce n'est pas
sur son lit de mort qu'on doit découvrir la vanité des choses;
15 c'est à vingt-cinq ans, comme je l'ai fait.

CISNEROS

L'œuvre que Dieu a accomplie à travers moi en Espagne, le
combat que j'ai mené...

LA REINE, *ricanant, haussant les épaules*

Le combat que vous avez mené! Mener un combat! Lutter
contre les hommes, c'est leur donner une existence qu'ils n'ont
20 pas. Et puis, quoi qu'on y gagne, cela ne dure qu'un instant
infime de cette éternité dont les prêtres parlent mieux que personne. Alors... Vous croyez que je vis loin de tout cela parce que
je ne peux pas le comprendre. Je vis loin de tout cela parce que
je le comprends trop bien. L'œuvre de ma mère[31] est ruinée par
25 Jeanne la Folle. D'autres ruineront la vôtre. L'Espagne est à la

[30] **l'entrée dans les ordres:** entering religious orders.
[31] **ma mère** = Isabella.

veille de tragédies. Tout s'engouffrera. Le royaume qui est l'envie du monde en sera la pitié.[32]

CISNEROS, *revenant, avec émotion*

Quelles tragédies? Que voulez-vous dire? Que savez-vous?

LA REINE

Il y a toujours des tragédies.

CISNEROS

J'en ai prévenu quelques-unes.   5

LA REINE

Elles renaîtront. Je serai emportée comme un fétu sur le flot de ce qui s'approche.

CISNEROS

Qu'aurais-je dû faire?

LA REINE

Rester dans une cellule, sur votre couchette, les bras en croix, comme je fais.   10

CISNEROS

Cela est la mort, si ce n'est pas offert.

LA REINE

C'est le royaume qui est la mort. C'est faire quelque chose qui est la mort.

CISNEROS

Eh, Madame, rester dans une cellule, n'en ai-je pas assez rêvé? Ne connaissez-vous pas ma vie? Ne vous souvenez-vous pas 15 de toutes mes fuites vers des cloîtres?

LA REINE

Ce n'est pas ma mémoire qui est mauvaise, c'est mon indifférence qui est bonne. [Vous vous êtes enfui vers des cloîtres?

[32] Juana correctly foretells the fall of the Spanish Empire.

CISNEROS

Une fois, pour trois ans, quand j'étais jeune. Une fois, quand
j'ai été nommé confesseur de la reine catholique,—quand on
m'a infligé ce supplice, d'être le confesseur de la reine. Une fois,
quand j'ai été nommé archevêque. On me nommait ceci et cela,
5 mais mon âme exigeait le contraire.

LA REINE]

Vous vous êtes enfui vers des cloîtres parce que vous aimiez
trop le pouvoir.

CISNEROS

Je me suis enfui au couvent parce que j'aimais trop Dieu.
Vous me parlez de ma perpétuelle tentation. Vous me parlez
10 de mon abîme.

LA REINE

Cette tentation n'a été pour vous, le plus souvent, qu'une tentation. Ce que vous avez aimé par-dessus tout, c'est de gouverner; sinon, vous seriez resté tranquille. Vous, vous composez;
moi, je ne compose pas. Vous, vous vivez dans la comédie; moi,
15 je n'y vis pas.

CISNEROS

Je vis dans la comédie!

LA REINE

Vous vivez parmi les superbes. Vous manœuvrez parmi eux.
Le superbe n'est pas seul à être impur; sont impurs tous ceux
qui approchent de lui par goût.

CISNEROS

20 Je n'aime que les humbles.

LA REINE

Mais vous vivez parmi les superbes. Et parmi les canailles. Vous
passez votre vie comme les païens et les Turcs. On ne fréquente
pas des gens méprisables, si on les méprise autant qu'on le doit.

CISNEROS

On surmonte son mépris quand il y a derrière eux quelque chose
à atteindre.

LA REINE

Qui vous a obligé...? (*Elle s'arrête de parler et regarde fixement
un point non éloigné d'elle.*) Voilà une mouche qui est trop confiante, beaucoup trop confiante, qui a l'air de vouloir me nar- 5
guer, moi, la reine. (*Elle saisit très cauteleusement un fichu à
portée de sa main, s'approche toujours très cauteleusement de
la mouche, puis frappe du fichu. Elle regarde la mouche morte,
et son visage s'irradie. Elle écrase du pied la mouche.*) Je vous
disais que nul ne vous a obligé à être le confesseur de ma mère. 10
Quand la reine catholique vous a choisi pour son confesseur,
vous n'aviez qu'à refuser.

CISNEROS

Refuser à la reine!

LA REINE

Il vous suffisait de dire que vous vouliez n'être qu'à Dieu. Même
la reine aurait eu peur de vous retirer à Dieu. Il vous suffisait 15
d'être ferme; vous l'êtes quand vous le voulez. Mais là vous
n'avez pas voulu l'être. Et cependant la reine n'attendait de
vous qu'une couverture pour sa politique. Lorsqu'on médite
quelque bon coup, on fait appel à des hommes de piété. Je suis
si peu folle que j'ai découvert cela. 20

CISNEROS

Voilà encore une parole, Madame, qui montre comme vous êtes
disposée à l'égard de notre sainte religion.

LA REINE

Je suis très bien avec la religion, et c'est à cause de cela même
que je sais que nombre d'hommes qui, s'ils étaient restés hommes
privés, auraient sauvé leur âme, vont en enfer parce qu'ils ont 25
été hommes d'Etat. [L'ambition pour autrui, que ce soit une
créature, ou une nation, ou un ordre religieux, est aussi fatale

à l'union avec Dieu que l'est l'ambition personnelle. Cela tombe
sous le sens.][33]

CISNEROS

Je serais prêt à courir le risque d'aller en enfer, si à ce prix je
faisais du bien à l'Etat. Mais les desseins de Dieu et les des-
5 seins du gouvernement de Castille ont toujours été identiques.
Au surplus, vous ignorez sans doute que j'ai une méthode
d'oraison mentale qui me permet d'annihiler devant Dieu mes
actions politiques au fur et à mesure que je les accomplis. (*Rire
de la reine.*) Vous êtes pure, Madame, vous êtes pure! Il est
10 facile d'être pur quand on n'agit pas, et qu'on ne voit personne.

LA REINE

Agir! Toujours agir! La maladie des actes. La bouffonnerie des
actes. On laisse les actes à ceux qui ne sont capables de rien
d'autre.

CISNEROS

Et vous aussi, cependant, vous faites quelques actes, comme
15 tout le monde.

LA REINE

Je ne fais pas d'actes, je fais les gestes d'actes.—Et les vôtres
en apparence toujours saints ou raisonnables, et qui en réalité
ne sont faits que dans la passion.

CISNEROS

Si nous ne faisions pas les choses dans la passion, nous ne
20 ferions rien.

LA REINE

C'est justement ce qu'il faudrait.

---

[33] **Cela tombe sous le sens:** That is obvious.

CISNEROS

Il y a une exaltation qui vient de Dieu. Et il y a une exaltation
qui vient de la terre. Dois-je me reprocher la terre, quand depuis trente ans je n'ai cessé de faire servir la terre à Dieu? J'ai
fait servir Dieu à la terre, et j'ai fait servir la terre à Dieu. J'ai
été de Dieu et j'ai été de la terre. D'un côté abrupt vers Dieu,   5
de l'autre à l'aise avec la terre, oui, comme ma ville de Tolède,
d'un côté en nid d'aigle au-dessus du fleuve, de l'autre de plain-
pied avec la plaine.[34] J'ai été un chrétien et j'ai été un homme.
J'ai fait tout ce que je pouvais faire.

LA REINE

Vous sursautez si je dis que Dieu est le rien. Le rien n'est pas   10
Dieu, mais il en est l'approche, il en est le commencement.
Quand mon roi Philippe était aux Flandres, et moi ici, j'allais à
Medina del Campo pour être un peu plus près de la mer où
il était; je respirais mon mari d'un côté à l'autre de la mer:
ainsi je respire Dieu quand je suis dans le rien. Vous l'avez dit   15
vous-même: il y a deux mondes, le monde de la passion, et le
monde du rien: c'est tout. Aujourd'hui je suis du monde du rien.
Je n'aime rien, je ne veux rien, je ne résiste à rien (est-ce que
vous ne voyez pas que les chats me dévorent vivante, sans que
je me défende?), plus rien pour moi ne se passera sur la terre,   20
et c'est ce rien qui me rend bonne chrétienne, quoi qu'on dise,
et qui me permettra de mourir satisfaite devant mon âme, et
en ordre devant Dieu, même avec tout mon poids de péchés et
de douleur. Chaque acte que je ne fais pas est compté sur un
livre par les anges.   25

CISNEROS

Madame, le moine que je suis entend bien ce langage; croyez
que je l'entends très singulièrement et très profondément.
Mais...

LA REINE, *se levant, allant à la fenêtre et ouvrant le rideau*
Il n'y avait pas de nuages. Maintenant il y en a. Il vont changer

[34] **Tolède, d'un côté . . . plaine:** Toledo, on one side an eagle's aerie
high above the river, and on the same level as the plain on the other.

d'aspect. Ils vont se dissiper, puis se reconstruire d'autre façon.
Tout cela est sans importance. Des nuages noirs étalés sur
Madrid comme de gros crapauds. Et, au-dessous, ces espèces
d'êtres qui font des choses, qui vont vers des choses... Et rien
⁵ de sérieux dans tout cela que les chevaux qu'on mène boire au
fleuve. Moi aussi j'aurais pu faire des choses, et même de celles
que vous appelez «de grandes choses». Mais il aurait fallu
tenir compte de cela. J'ai préféré être ce que je suis. Les enfants
qui jouent en bas disent entre eux: «Vous voulez jouer avec
¹⁰ nous?» Moi, je dis: «Je ne joue pas avec vous.» (*Elle regarde
encore, avec horreur.*) Quel est cet univers auquel on voudrait
que je prenne part? Quand je le regarde, mes genoux se fondent.
Quelle est cette voix qui forme dans ma bouche des mots qui
ne me concernent pas? Quel est cet homme qui me fait face et
¹⁵ qui veut me persuader qu'il existe? Comment pouvez-vous
croire à ce qui vous entoure, vous qui n'êtes plus de ce qui vous
entoure, quand moi je n'y crois pas, qui suis, paraît-il, en vie?
Et vous voulez manier cela, jouer avec cela, dépendre de cela?
Et vous êtes un intelligent, et un chrétien! A ces deux titres
²⁰ vous devriez faire le mort,³⁵ comme je fais la morte. (*Elle lance
les oreillers de son lit à travers la pièce, se jette sur le lit, et
s'y étend à plat, sur le dos, bras en croix, bouche entr'ouverte.*)³⁶

CISNEROS

Votre Majesté est-elle souffrante? Veut-elle que j'appelle ses
dames?

LA REINE

²⁵ Je ne suis pas souffrante. Je suis bien, je suis enfin bien. (*Un
temps.*) Non, je ne suis pas bien, voici le mal qui monte: c'est
parce que j'étais bien. Mes yeux sont pleins de plomb fondu,
ma bouche est pleine de terre, mes nerfs se tordent comme des
reptiles.—Oh! une chauve-souris contre mes tempes!—Ma
³⁰ grand-mère a été à demi folle pendant quarante-deux ans. Le
roi Henri mon oncle était à demi fou. Mon père est mort de

---

³⁵ **vous devriez faire le mort:** you ought to act like a dead man.
³⁶ Juana, in effect, places herself in the position of a corpse ready for
burial.

tristesse. Eux aussi ils se tordent en moi. Oh! que je boive, que
je boive ma petite eau! (*Elle se lève et va boire au bol. Puis elle
le tend au cardinal.*) Vous en voulez? (*Le cardinal fait non de la
tête.*) Alors, allez-vous en. Laissez-moi sortir de ce songe que
vous êtes et qu'est tout ce que vous représentez: il n'y a que moi   5
qui ne sois pas un songe pour moi. (*Esquissant des pas de
danse.*) Mais, auparavant, dansons un peu! Vous ne voudriez
pas que je me mette à danser seulement quand vous serez parti,
de la joie de vous voir disparu. (*Le cardinal a reculé. Il appelle
vers la porte du fond:* «Messieurs! Messieurs!» *Des gens du*   10
*palais, et parmi eux Cardona, se massent à la porte et entrent
même dans la chambre, mais sans oser trop pénétrer. On entend
des voix:* «Monseigneur, exorcisez-la!»—«Qu'on fasse entrer
doña Inès!»—«Jetez sur elle un peu d'eau bénite!») Je danse
souvent avec le perroquet que Joaquin m'a rapporté des Indes;   15
il est tout rouge comme vous, cardinal, mais il ne sait pas dire
des *ave*.[37] Dansons, dansons un peu! dansons en nous accom-
pagnant du rire des larmes. Il y a le rien et il y a l'être: ils sont
faits pour danser ensemble. Le oui et le non sont pour moi
comme deux mouches quand elles dansent accouplées: on ne   20
distingue pas l'une de l'autre...

*Pendant que la reine continue de faire des pas en chantonnant,
Doña Inès et les demoiselles d'honneur, venues de la chambre
voisine, l'entourent, la prennent avec douceur et respect sous
le bras, et l'entraînent vers la chambre. Avant de sortir, la*   25
reine dit à Doña Inès, en désignant le cardinal:

LA REINE

On causerait bien volontiers avec lui, plus longuement. Mais on
ne peut pas: il est fou!

*Quelques personnages refluent de la porte du fond vers le de-
vant de la scène. Le frère Diego jaillit de la chambre où l'on*   30
vient d'emmener la reine.

[37] **il est tout rouge . . . des ave:** it (the parrot) is crimson like you,
Cardinal, but it does not know how to say its Hail Marys. Inevitably, a
Latin pun emerges: *ave Maria* (Hail Mary) and *ave* from *avis* (bird).

Scène IV

CISNEROS.   CARDONA.   ESTRADA.
DEUX SEIGNEURS.   LE FRERE DIEGO.

FRERE DIEGO

Monseigneur, je prends licence de me rappeler à Votre Seigneurie: Frère Diego, confesseur de Sa Majesté. C'est-à-dire que
je suis confesseur honoraire, Sa Majesté ne se confesse jamais,
mais je vous jure que le travail ne me manque pas.—J'étais der-
5 rière la porte: j'ai écouté, j'ai entendu, j'ai pesé, j'ai conclu.
Démence, blasphème, sacrilège, hérésie, possession diabolique.
Et j'aurais encore beaucoup à dire! Par exemple: Sa Majesté,
vous le savez, a entendu deux fois la messe pendant les deux
derniers mois. Or, à la première de ces messes, Sa Majesté n'a
10 baissé qu'à demi la tête pendant l'élévation, mais par contre on
m'a rapporté qu'à ce moment elle a fermé les yeux, de sorte
qu'on aurait pu s'approcher d'elle sans qu'elle s'en aperçût.
Pourquoi fermer les yeux? Pour ne pas voir l'hostie? Acte abo-
minable! Afin de vérifier si Sa Majesté fermait bien les yeux, à
15 la seconde des messes j'ai envoyé le frère Antonio, qui s'est
approché d'elle à pas de loup pendant l'élévation, mais elle lui a
dit de s'écarter, et ensuite elle lui a demandé pourquoi il était
venu à ce moment-là.[38]

CISNEROS

Ainsi, elle ne fermait pas les yeux?

FRERE DIEGO

20 Non, mais on m'avait rapporté qu'elle les fermait: le moins
qu'on puisse dire est donc qu'il y a un doute, et où il y a un
doute, il y a un coupable. L'autre fait très grave est que, appro-
chant de Sa Majesté des linges bénits, elle m'a dit, en faisant la
grimace, qu'ils sentaient mauvais. J'ai voulu en avoir le cœur

---

[38] Montherlant's "Références historiques" support these manifestations
of Juana's apparent sins during the Mass: the closing of her eyes and
(later) her refusal to kiss the vestments.

net, et quelques jours plus tard je lui ai présenté à nouveau des linges bénits. Cette fois elle n'a pas dit qu'ils sentaient mauvais. Mais la première fois elle l'avait dit.

CISNEROS

Sa Majesté savait-elle que ces linges étaient des linges bénits?

FRERE DIEGO

Non, elle ne le savait pas.   5

CISNEROS

Et vous êtes-vous assuré vous-même si les premiers de ces linges sentaient mauvais?

FRERE DIEGO

Ma foi, ils sentaient nettement la moisissure.

CISNEROS, *avec impatience*

Frère Diego, on vous convoquera un de ces jours et vous me ferez alors un rapport circonstancié et dans toutes les formes. 10 Pour l'instant, je vous remercie. (*Il le congédie.*)

Scène V

LES MEMES, *moins* LE FRERE DIEGO.

CISNEROS

Le roi doit savoir en quel état il trouvera sa mère. L'avertir est pour moi un devoir inéluctable. Mais ce qui vient de se passer ne peut être mis dans une lettre. Un de vous, Messieurs, va aller à Majados,[39] et lui décrire la scène que nous avons vue.   15

ESTRADA

Monseigneur, pour cette mission, permettez-moi de me récuser.

---

[39] Majados: city where Charles I is assumed to be with his entourage.

Gouverneur de la maison de la reine, tantôt on me reproche d'être trop faible avec elle, tantôt d'être trop sévère: cela varie selon les temps et les factions. Le rapport que je ferais au roi serait tenu sûrement pour tendancieux.

UN DES SEIGNEURS

5 Je vous demande, Monseigneur, de m'épargner une mission pénible,—que dis-je? dangereuse. Il y a des princes qui punissent les messagers de mauvaises nouvelles. Je l'ai éprouvé avec le roi Ferdinand, vous savez en quelle occasion. On supporte cela une fois. On ne le supporte pas deux.

L'AUTRE SEIGNEUR

10 Et le récit qu'on fera au roi ne pourra-t-il même être tenu pour acte de lèse-majesté? Lui dire que sa mère a donné le scandale!

CISNEROS, *à Cardona*

Monsieur le capitaine, vous irez cet après-midi voir le roi, et viendrez me rendre compte demain matin.

CARDONA

Moi! Après tout ce que je vous ai dit! Vous m'avez déjà fait 15 connaître à la reine, qui ne m'a découvert que pour se montrer une ennemie. A présent vous me jetez dans les pattes du roi! Et sans qu'une audience ait été demandée! Et pour lui décrire la folie de sa mère!

CISNEROS

Vous avez prétendu que je n'avais pas confiance en vous. Vous 20 voyez que j'ai confiance en vous, confiance même dans vos capacités, puisque je vous charge de cette mission.

CARDONA

Toutes les fois que vous faites une chose rigoureuse, vous faites ensuite une chose qui apaise: c'est votre politique. Vous avez fait hier avec moi une chose dure. Ne recommencez pas au- 25 jourd'hui.

CISNEROS

Quand vous serez en présence du roi, je vous conseille de ne
pas gesticuler.

CARDONA

Et comment saurai-je...? Que lui dirai-je...?

CISNEROS

Songez surtout à ce que vous ne lui direz pas. Allons, retournez
au palais du Conseil. Je vous y rejoins dans un moment, et vous   5
y donnerai le détail de mes ordres, avec votre lettre de créance
pour le roi.

CARDONA

Monseigneur mon oncle, mon très Révérend Père en Jésus-
Christ...

CISNEROS

Allez.   10

Cardona va pour sortir. A ce moment, de la pièce voisine, par-
vient une harmonie grêle et très douce produite par un instru-
ment à cordes. Cardona s'arrête.

ESTRADA

La reine qui joue de son clavicorde...

PREMIER SEIGNEUR

La paix... Elle a retrouvé la paix...   15

CISNEROS

Je l'ai demandée à Dieu pour elle dans ma méditation de ce
matin.

Les cinq hommes sont debout, immobiles, quelques-uns la tête
basse, écoutant, habités par une visible émotion. Et cependant,
le rideau tombe.[40]   20

[40] **Et cependant, le rideau tombe:** And yet, the curtain falls. Always
adept at creating dramatic tableaux, usually silent, Montherlant is greatly
influenced by his familiarity with Renaissance portraits; one need cite
only Velázquez, El Greco, or Juan Carreño de Miranda. The **cependant**
indicates Montherlant's reluctance to end the dramatic force of this final
tableau. Note that a portrait of Titian (see «Les Deux Pourpres,» note 3)
influences the lighting and costuming of the end of Act III.

Questionnaire

Scènes I-II

1. Comment interprétez-vous la folie de Jeanne dans cette deuxième exposition théâtrale?

2. Décrivez en détail l'effet dramatique (décor, lumière, costumes) que produit la scène II.

3. Quelle technique Montherlant emploie-t-il pour dépeindre la folie de Jeanne?

4. Pourquoi Jeanne dit-elle: «Je me ferais tuer plutôt que de baiser la main d'un homme!»?

Scène III

1. Contrastez la physionomie du Cardinal à la scène IV de l'acte premier avec celle de cette scène.

2. Comment Jeanne rappelle-t-elle à Cisneros qu'elle est reine d'Espagne?

3. Citez quelques exemples de la lucidité apparente de Jeanne.

4. Qu'est-ce qui fait horreur à la reine?

5. Expliquez cette phrase prononcée par Jeanne: «Je suis du monde de ceux qui aiment, et ne suis même que de ce monde-là.»

6. Pourquoi Jeanne cherche-t-elle à rester dans les ténèbres?

7. Du point de vue de la technique théâtrale, pourquoi Montherlant interrompt-il la scène au moment où Jeanne crie: «Ma fille! Je veux ma fille!»?

8. Comment Cisneros essaie-t-il de redonner à Jeanne un sens du devoir envers l'église et l'Espagne?

9. Pourquoi la reine insiste-t-elle sur la phrase: «Je ne vais nulle part»?

10. Que dit Jeanne quant à l'efficacité des actes du Cardinal?

11. A partir de quel moment Jeanne dénigre-t-elle l'importance de l'œuvre de Cisneros? Quel est le sens de ses propos?

12. Quelles répliques de Jeanne choqueraient l'Inquisition?

13. Cisneros veut-il mettre fin à la conversation parce qu'il est indigné ou parce qu'il hésite devant le raisonnement de Jeanne? Expliquez.

14. Quel changement de carrière Jeanne propose-t-elle au Cardinal?

15. Quel jugement de Cisneros Jeanne offre-t-elle en fin de compte?

16. Que dit Jeanne au sujet de l'ambition?

17. Selon Jeanne et Cisneros, il n'y a que deux mondes, «le monde de la passion et le monde du rien.» Comment arrivent-ils à cette observation?

18. Commentez la dernière réplique de Jeanne: «il est fou!».

Scènes IV-V

1. Pensez-vous que Cisneros, même après avoir écouté le frère Diego, désire faire comparaître Jeanne devant un tribunal de l'Inquisition? Expliquez.

2. Pourquoi Cisneros veut-il envoyer Cardona avertir le roi Charles de la condition de la reine?

3. Expliquez le ton doux de Cisneros quand il parle de Jeanne dans la scène V.

Acte III

CISNEROS.—«On ne meurt pas de chagrin en Castille.»

Acte II, scène III.

$\mathcal{A}cte$ III

Le cabinet du cardinal Cisneros, à la tombée de la nuit.

$\mathcal{S}cène$ I

CISNEROS.   VARACALDO.   CARDONA.

Cisneros est assis à sa table de travail, en petite tenue cardinalice,[1] toujours les pieds nus dans des sandales. Debout devant la table, Varacaldo. Un peu à l'écart, assis, Cardona.

CISNEROS, *reposant une dépêche, avec lassitude*

Des problèmes! Toujours des problèmes! Toujours lutter! Tous
se soulèvent, tous se déchirent, tous mettent le feu pour un   5
oui ou pour un non, et toujours c'est moi qui ai tort, et toujours
des gens plus jeunes et qui ont plus de forces que moi... Ceux
de Encina[2] sont-ils des partisans, des amis?

VARACALDO

Des amis.

CISNEROS

Alors, enrôlez plutôt des mercenaires. Je ne peux compter que   10
sur les gens que je paye.

---

[1] **petite tenue cardinalice:** i.e., informal dress. Cisneros undoubtedly is
wearing the short cape (*mozzetta*) instead of the great cape (*cappa
magna*), and a skullcap (*zuchetto*) to replace the large *galero*.
[2] **Ceux de Encina:** the Encina faction.

CARDONA

Mais est-ce que vous pouvez compter sur eux?

CISNEROS

Du moins, plus que sur les amis.

Un silence.

VARACALDO

Monseigneur, dans l'affaire de Villafrades,[3] Votre Seigneurie s'est-elle décidée? (*Cisneros, l'air absent, fait signe de la tête*
5   *que non.*) Vous m'avez dit hier soir que vous donneriez un ordre ce matin. Et nous sommes ce soir.

CISNEROS

Je n'ai pas décidé.

VARACALDO

La rébellion est grave. Vous m'avez dit que cette affaire devait être réglée avant l'arrivée du roi; que vous vouliez le mettre de-
10 vant le fait accompli.[4] Le temps presse.

CISNEROS

«Le temps presse!» Le temps ne presse pas quand les nuages se transforment et se défont. (*Silence stupéfait de Varacaldo.*) Il faut que j'y réfléchisse encore. J'ai eu à méditer cette nuit le sens des souffrances de Notre Seigneur. Je vous donnerai ré-
15 ponse demain matin.

VARACALDO

Et l'affaire de l'ordre de Saint Jean de Jérusalem?[5] Cela aussi

---

[3] **l'affaire de Villafrades:** The Villafrades matter. Refers to rebellion at Villafrades, an embarrassment that the Cardinal would like to end before the arrival of Charles.

[4] **que vous vouliez . . . accompli:** that you wanted to have him (Charles) face a fait accompli.

[5] **l'affaire de l'ordre de Saint Jean de Jérusalem:** Both Cisneros and Archbishop Hernando de Talavera, of Granada, effectively brought about a reform of religious orders in Spain; at that time monastic orders were in constant internal conflict and hostile to Cisneros' imposition of greater discipline.

devrait avoir sa fin avant que les gens du roi ne s'en occupent. Je vois les minutes sur votre table. Ne puis-je avoir votre réponse?

CISNEROS

Que me conseillez-vous?

VARACALDO, *de nouveau stupéfait*

Monseigneur, je ne me permettrai pas...   5

CISNEROS

Prenez ces minutes, étudiez-les, et demain matin vous me donnerez votre avis.

VARACALDO, *toujours très surpris*

Bien, Monseigneur. (*Le cardinal le congédie, puis le rappelle et lui montre un livre qu'il a tiré d'un tiroir.*) Ceci est à vous?

VARACALDO, *avec une joie enfantine*

Ah oui! Monseigneur! L'avais-je oublié ici?   10

CISNEROS

Oui. J'ai cru que cela appartenait à un de mes petits pages. Mais Vallejo m'a dit que c'était à vous. (*Lisant le titre*) Les aventures merveilleuses du chevalier Bellaflor et du géant Tintinabul. Edition populaire. Cela vous intéresse?[6]

VARACALDO

C'est une récréation...   15

CISNEROS, *sèchement*

Tenez. (*Il lui donne le livre. Exit Varacaldo.*)

---

[6] Varacaldo's possession of a cheap edition of a novel of chivalry needs little comment from Cisneros, who now has proof, in his eyes, of his secretary's mediocrity (see Act I, note 47).

Scène II

CISNEROS.   CARDONA.

CISNEROS

Varacaldo, qui a soixante-quatre ans, fait ses délices des aventures du géant Tintinabul, qui sont une lecture destinée normalement à des enfants de douze ans. Il doit même lire cela pendant ses heures de travail, et le cacher dans le tiroir quand
5 j'arrive. On est bien obligé pourtant de s'accomoder à ce genre d'hommes. A la fin, ce sont toujours eux qui l'emportent.—Il prétend qu'Encina est une place fidèle. Je suppose que cela n'est pas vrai.

CARDONA

Pourquoi?

CISNEROS

10 Parce qu'ils mentent tous. Pour rien. Pour le plaisir. Quand ils disent deux phrases, dans l'une ils disent le contraire de leur pensée, dans l'autre le contraire de la vérité. Varacaldo lui non plus n'est pas sûr.

CARDONA

Votre propre secrétaire!... Il faudrait choisir bien. Mais à votre
15 âge on ne choisit plus bien.

[CISNEROS

La vieillesse attire les trahisons comme les excréments attirent les mouches.

CARDONA]

En qui donc avez-vous confiance?

CISNEROS

En moi.

CARDONA

Merci. Et cependant vous demandez conseil à cet homme!

CISNEROS

Il m'arrive de demander conseil à des hommes de qui le visage, dans le même instant, crie qu'ils me trahissent. Le pouvoir, c'est cela.

CARDONA

Et Vallejo? Vous n'avez pas confiance en Vallejo? 5

CISNEROS

J'ai confiance en ce qu'il est dans ce moment. Non dans ce qu'il sera dans un mois. (*Un temps.*) Je suppose que, vous aussi, vous vous adonnez quelquefois au géant Tintinabul.

CARDONA

Mon Dieu, oui, à l'occasion, j'aime mieux voir quelqu'un englouti dans Tintinabul qu'englouti dans l'obsession politique. 10

CISNEROS

L'obsession politique? Vous manquez d'à-propos. J'ai ces papiers sur ma table depuis hier matin. Au moment d'étudier les questions, j'ai été paralysé comme si j'avais eu un coup de sang à la tête. Je me disais: «Pourquoi?» Faire un geste, faire un acte, soudain cela me paraissait tellement insensé... Paralysé par le 15 sentiment du... (*Il s'arrête.*)

CARDONA

Par le sentiment de quoi?

CISNEROS

Par le sentiment du ridicule.

CARDONA

Vous plaisantez.

CISNEROS

J'ai remis d'heure en heure.—Est-ce que vous croyez que Varacaldo me prend en pitié, quand j'ai l'air de vouloir quelque
chose?

CARDONA

De «vouloir quelque chose»?

CISNEROS

5 De désirer réussir quelque chose, dans les affaires de l'Etat.

CARDONA

Je pense surtout qu'il serait stupéfait s'il croyait comprendre
que vous ne voulez rien. J'ai vu cela il y a un instant.

CISNEROS

Parce qu'il n'est pas intelligent. Je souhaiterais que tout homme
intelligent comprît que je ne veux rien. Si un homme intelligent
10 croyait que je veux quelque chose, j'aurais honte. (*Il porte la
main à son front.*)

CARDONA

Vous avez mal?

CISNEROS

Vous savez bien que j'ai la fièvre tous les soirs quand la nuit
tombe,—à la même heure où l'esprit de la reine Jeanne revient
15 au calme.[7] Et comment n'a-t-on pas la fièvre toute sa vie? Mais
je serais mort, que je ressusciterais[8] pour recevoir le roi, que
j'espère depuis si longtemps, et le mettre au courant de tout:
cela, il le faut. Ensuite... Ensuite...

CARDONA

Le roi a grand besoin d'être mis au courant le plus tôt possible.

---

[7] **à la même heure . . . au calme:** at the same hour Juana's spirit again
finds its repose. Note that Act III takes place at night.

[8] **Mais je serais mort, que je ressusciterais:** But even if I were dead I
would revive.

Je vous le répète: vous ne sauriez croire à quel point il a l'air
de quelqu'un qui a besoin d'avis. Et aussi de quelqu'un qui,
s'étant embarqué une première fois pour l'Espagne, et étant à
plusieurs heures de la côte des Flandres, a fait revenir la flotte
parce qu'il avait le mal de mer.   5

CISNEROS

Vous m'avez dit qu'il paraît moins que ses dix-sept ans...

CARDONA

Petit, pas un poil de barbe, la bouche toujours entr'ouverte;
le teint pâle, les yeux bleus. Il rougit. Un collégien...

CISNEROS

Il me trouvera auprès de lui le temps qu'il voudra, ou plutôt le
temps qui sera nécessaire.—Malgré ce qu'il m'en coûte, car cer-   10
taines paroles que la reine m'a dites hier m'ont bouleversé.

CARDONA

Le spectacle de la folie a de quoi bouleverser.

CISNEROS

Quand les gens sont fous, il ne faut pas rire d'eux. Il faut les
prendre eux et leur folie et les traiter en entier, eux et leur folie,
avec respect. Il y a toujours des raisons d'être fou, et ces raisons 15
sont toujours respectables.

CARDONA

Quoi qu'en pense le confesseur, son état la met à l'abri de tout
péché. Chose extraordinaire: elle *ne peut pas pécher*. Il est juste
que cette femme, que tous plaignent ou bafouent, doive nous
faire envie.   20

CISNEROS

Ce qui me bouleverse est ailleurs: c'est parce qu'elle m'a fait
entendre la voix de la vérité sortant de la bouche de la folie. Ne
dit-on pas que chez les Arabes les fous sont tenus pour des in-
spirés? Elle voit l'évidence, et c'est pourquoi elle est folle.

CARDONA

Cela est plaisant: la reine vous a retourné!

CISNEROS

[Beaucoup de gens, autour de moi, feignent de comprendre ce
que je fais. En réalité, ils ne le comprennent pas. Je vis au milieu
de gens frivoles, même quand ils traitent des sujets très impor-
5 tants. En vain j'essaye de les ramener au profond; ils restent
frivoles: la frivolité est dure comme de l'acier.] Quoi qu'on
pense de ce que m'a dit la reine, cela n'est pas frivole. La reine
est très au-delà du médiocre et du petit. Elle a percé brutalement
de l'autre côté.

CARDONA

10 Dieu l'a rendue incapable pour montrer le peu de fonds qu'on
peut faire sur la gloire humaine. C'est là son rôle providentiel
ici-bas.

CISNEROS

D'autres qu'elle ont eu ce rôle. Mais qui dit qu'elle n'a pas un
autre rôle, où elle serait unique? Au lieu de renoncer au monde
15 pour pouvoir le dominer, comme font souvent nos grands ordres
religieux, elle domine le monde et elle renonce à lui. Nous qui
sommes habitués—il faut bien le reconnaître—à peser sans
cesse sur tout, mesurez-vous ce que c'est que posséder une
partie immense de l'univers, et ne peser jamais sur rien? La
20 reine m'a dit: «C'est le royaume qui est la mort.» Moi, le conducteur de ce royaume, j'ai entendu cela, et j'en suis transpercé.
Quand elle se désintéresse du royaume, quand elle l'entraînerait
derrière elle, si nous n'étions pas là, dans son mépris sans
bornes de la réalité, qui nous dit qu'elle n'est pas alors le re-
25 présentant le plus qualifié de son peuple, et qu'elle n'apporte
pas alors au monde l'essentiel de ce que peut lui apporter l'Espagne?

CARDONA

Vous avez tout fait pour maintenir, et elle fait tout pour ruiner
—elle veut que tout aille mal, elle veut que tout meure,—et c'est
30 ainsi que vous parlez d'elle!

CISNEROS

Vous ne pouvez pas savoir ce que c'est que son mépris... Elle
annule l'univers avec son mépris... Comme elle m'a fait sentir
qu'elle me jugeait vulgaire de vouloir intervenir dans les événements! Comme elle cherchait à m'humilier! La reine a rouvert
en moi cette plaie jamais fermée tout à fait, la plaie d'une tenta- 5
tion inassouvie. Elle m'a fait briller cette retraite que plusieurs
fois j'ai prise et plusieurs fois tenté de prendre. Toute ma vie,
j'ai lutté pour ma solitude...

CARDONA

Il y a tant d'hommes en vous! Le franciscain, le cardinal, le
lettré, l'homme d'Etat, le capitaine. Quand vous avez conquis 10
Oran, n'avez-vous pas regretté ce jour-là de n'avoir pas choisi
la voie des armes?

CISNEROS

Je n'ai jamais regretté que la submersion infinie. La reine m'a
mis devant ma part la plus profonde, celle que je n'ose pas regarder, parce qu'elle me fait trop envie. Je voudrais me pros- 15
terner, poser mon front contre la terre, adorer Dieu, ne plus
faire que cela. Sentir cette masse de contemplation qui se pousse
pour être, et ne peut pas être,[9] à cause des affaires dont je suis
dévoré, à cause de ce genre humain qui me dévore morceau par
morceau du matin au soir. Toujours: «Je n'ai pas le temps...» 20
Toujours remettre à plus tard ces heures de face-à-face rayonnant[10] qui enfin me soulèveront au-dessus de moi-même, après
le gravat de la journée. Et mon oraison même est empoisonnée
par la terre: tandis que je contemple Dieu, je lui demande encore (oh! j'ai honte!) comment je dois m'y prendre pour berner 25
tel ou tel homme, à moins que ce ne soit pour le corrompre. La
reine ne peut vivre qu'en attendant le moment de boire de l'eau.
Moi, il y a une eau qui sort de mon Dieu, et qui m'enivre; mais
aussitôt que je vais atteindre cette eau, une main me ravit le
visage et le replonge dans la boue. 30

---

[9] **qui se pousse . . . être:** which struggles to prevail and cannot prevail.
[10] **Toujours remettre . . . rayonnant:** Always putting off until later those
shining hours of union (with God).

[CARDONA

La boue elle aussi vous enivre. Vous dites à présent que votre esprit est étranger à votre œuvre. Mais c'est par ce que vous faites que vous existez. Si vous aviez cessé de faire, il y a long-temps que vous auriez cessé d'exister. Vous l'avez reconnu...
5 en d'autres temps; je veux dire: avant-hier.

CISNEROS

J'aurais existé de la véritable Vie. J'ai été à moi-même, c'est-à-dire à Dieu, combien d'années? Pendant les trois années de ma retraite au couvent, et—dans une certaine mesure—pendant les six années de ma retraite en prison. J'ai vécu quatre-vingt-deux
10 années; j'en ai existé neuf. C'est cela que m'a rappelé la reine, ah! si cruellement. Oh! j'ai été récompensé. J'ai eu le chapeau rouge pour avoir trahi Dieu.]

CARDONA, *acerbe*

Grâce à cette malheureuse, vous apprenez enfin que vous n'aimez pas gouverner! Et en effet vous avez menacé plusieurs
15 fois le roi Charles de vous retirer dans votre diocèse. Seulement, c'était au cas où il ne vous accorderait pas des pouvoirs plus étendus!

Un silence.

CISNEROS, *rêveur*

Auprès d'elle, on perd toute notion de temps et de lieu... Vous nous avez vus, n'est-ce pas? Vous avez bien vu que nous étions
20 deux mêmes spectres... Mais les spectres ont quelque chose de bon: c'est qu'ils ne sont pas de ce monde-ci. (*désignant une porte*) Là est la chambre avec mon lit de parade. (*prenant une clef dans sa poche et ouvrant une autre porte sur une cham-brette*) Et là est la pierre nue sur laquelle je dors tout habillé:
25 pas un de mes serviteurs n'est jamais entré dans ce réduit. (*dé-boutonnant sa mozette et sa soutane*) Voici la bure. (*désignant la bure*) Et le cilice sous la bure... Je vous montre cela, j'ai tort, mais j'ai besoin de me justifier.

CARDONA

Pas aux yeux du monde, je pense? Il vous reproche déjà d'en faire trop. Il aurait horreur de vos singularités.

CISNEROS

Me justifier aux yeux de la reine. Ecoutez ceci. J'ai été chez elle pour lui demander de sacrifier aux apparences. Mais, moi, il a fallu une bulle du pape pour me forcer à la souffrance con- 5
stante de donner aux apparences; [c'est une bulle qui m'a forcé de prendre le train de vie qui est celui des prélats.] Elle est la femme la plus riche de la terre, et moi ma dignité est la première et la plus forte de l'Eglise après le Saint-Siège, plus riche et plus puissant moi seul que ne l'est ensemble toute la noblesse d'Es- 10
pagne; et elle vit dans une chambre misérable, et je me cache pour vivre comme un moine. Il lui arrive de dormir à même le sol, et je dors à même le sol. Elle raccommode ses robes; je ressemelle mes sandales. Elle ne veut plus voir ni or ni argent, elle mange dans de la vaisselle de terre, sans nappe et sans ser- 15
viette; c'est ce que je faisais quand Rome me l'a interdit. Elle hait tout ce qui est plaisir, et je hais tout ce qui est plaisir. Elle n'est curieuse de rien; et moi, qui dois être informé de tout, je ne suis curieux de rien. Le sceau qu'elle s'est choisi est un paon royal sur un globe terrestre, avec au-dessous le mot *va-* 20
nitas:[11] un religieux s'en choisirait-il un autre? (*son visage s'é-clairant*) Oh! quel but ce serait pour une vie, de faire que toute la partie sainte de cette femme soit consacrée et serve!

CARDONA

Sa partie sainte?

CISNEROS

L'indifférence aux choses de ce monde est toujours une chose 25
sainte, et—même quand Dieu en est absent—une chose essen-tiellement divine. Elle et moi nous nions ce que nous sommes censés être. Elle et moi nous appartenons à la même race. Ceux

---

[11] *vanitas* = vanity.

qui ont regardé ce qu'elle appelle le rien et ce que j'appelle Dieu
ont le même regard. C'est hier seulement que j'ai compris cela.
Elle a prononcé des paroles horribles et je l'ai presque menacée
de la faire surveiller par le Saint-Office.[12] Et il y a eu aussi un
5 moment où, pour un peu, je lui aurais demandé sa bénédiction.

CARDONA

Il est intéressant, Monseigneur mon oncle, de vous voir un peu
désemparé.

[CISNEROS, *rêveusement*

Rien ne me serait plus facile que de la déférer au Saint-Office.
—Même contre Charles. Ce serait mon nouveau combat. Un
10 grand risque, pris à l'âge que j'ai, vous rajeunit de trente ans.
—Ou, qui sait? avec l'aide de Charles...

CARDONA

Voilà le politique qui remonte.]

CISNEROS

Je ne veux pas ce que j'aime, et je veux ce que je n'aime pas.
La passion de la retraite s'est jetée sur moi comme un accès de
15 fièvre. Retourner au monastère—à Yuste,[13] j'ai déjà fait mon
choix,—laisser Ruiz administrer l'archevêché de Tolède, oublier
ce cauchemar que sont les hommes, oublier tout ce que j'ai fait
et qu'on m'a fait, oublier tout sauf Dieu, préparer mon éternité.
Mais la retraite, hélas! n'est pas encore pour demain. Le jour
20 que cent mille Arabes m'assiégeaient dans mon palais de Grenade, on m'a offert un moyen de fuir: j'ai refusé. Je ne m'enfui-
rai pas davantage quand s'avance cet enfant roi, portant dans sa

---

[12] **le Saint-Office** = the Holy Inquisition.
[13] Yuste: Montherlant writes in his "Références historiques": «Cisneros,
touchant à sa fin, songe au monastère de Yuste pour y prendre sa dernière
retraite (historique). Trente-neuf ans plus tard, Charles-Quint, son tueur,
se démettra du pouvoir pour prendre sa dernière retraite à Yuste» (p.
261).

gauche le royaume de la terre.[14] Il a dix-sept ans à peine, et
j'en ai quatre-vingt-deux. Que de choses j'ai à lui apprendre et
de qui les saurait-il—dites un seul nom!—si ce n'est de moi? Je
l'ai créé, je suis son père, je lui dois ce pour quoi j'ai vécu et
qui s'étale derrière moi comme une traîne,—tout ce devoir dont   5
la reine m'a dit qu'il allait être engouffré, oh! Dieu! de quelle
voix d'un autre monde!

CARDONA

La reine vous a dit cela et vous l'en admirez. Moi aussi je vous
l'ai dit, avant-hier, et de cet instant vous vous êtes tourné contre
moi. Pourquoi cette différence?   10

CISNEROS

Parce que c'est elle...

CARDONA

Oui. Et parce que c'est moi. Vous écoutez la reine, cette folle,
de qui la folie a sans cesse travaillé contre vous. Vous idolâtrez
ce gamin, le roi, entouré de tout ce qui nous veut du mal. (*bas,
avec haine.*) Un roi né dans des latrines![15]   15

CISNEROS

Que dites-vous? Comment osez-vous?

CARDONA

Votre loyalisme insensé! Mais ceux qui vous aiment et vous
servent, vous ne les voyez pas. Ouvrez les yeux! Voyez aussi
ceux qui vous aiment.

CISNEROS

Je ne vois rien.   20

[14] **portant dans sa gauche le royaume de la terre:** carrying the earthly
kingdom (the royal orb) in his left hand.
[15] **latrines:** The phrase is meant as a slur on the quality of the foreign
Charles.

CARDONA

Eh bien! Monseigneur mon oncle, j'ai à vous dire maintenant que le roi Charles... (*Il s'arrête.*)

CISNEROS

Ensuite? Continuez.

CARDONA

Le roi m'a dit... (*Il s'arrête.*)

CISNEROS

⁵ Le roi vous a-t-il dit autre chose que ce que vous m'avez rapporté (*silence*) Je suis très vieux, Luis. Quoi que j'en aie et quoi que j'en dise, je vis dans la douleur. La cause de cette douleur, c'est que tout ce que j'ai fait m'échappe: le sol s'entr'ouvre sous moi. La reine sombre dans la folie, et je sombre dans la mort.
¹⁰ L'avenir dira que je suis mort avec une sérénité chrétienne. Cela serait vrai, s'il n'y avait pas mon pays. Pourquoi ai-je une autre patrie que la patrie céleste? Pourquoi ai-je aimé l'Espagne?

CARDONA

Et la mort, vous ne l'aimez pas?

CISNEROS

Je n'aime pas ce que je laisse. Malheur à ce qu'on n'a pas fait
¹⁵ de son vivant! Le drame de la mort, je me demande si c'est la mort, ou si ce sont les héritiers. Mon héritier, c'est Charles; il faut bien que je le rende le moins désastreux possible.

CARDONA

Le moins désastreux?

CISNEROS

Il n'est pas moi.

CARDONA

²⁰ J'ai quitté un homme plein de vaillance, et je retrouve un homme atteint. Voilà l'œuvre de la folle.

CISNEROS

Un Autrichien gouvernera l'Espagne, et la gouvernera légalement. Les Flamands gouverneront l'Espagne, et la gouverneront
légalement. Vous ne savez pas ce que c'est qu'être gouverné
par l'ennemi. Non pas l'ennemi ouvert, qui vous piétine à la
face de Dieu sous sa botte. Mais l'étranger établi là légalement.   5
Et j'y ai mis la main:[16] tout le reste était pire. [Ferdinand me
détestait, mais en mourant il m'a donné la régence: pour lui
aussi, tout le reste était pire.] (*avec beaucoup d'émotion, presque
avec tremblement*) On parle beaucoup de charité. Mais qui a
de la charité pour la vieillesse? Qui a de la charité pour moi?   10
Qui me sait gré[17] de l'effort inouï que je fais pour vivre, pour
gouverner encore, pour essayer que tout tienne encore autour
de moi, quand moi je ne tiens plus? Qui me sait gré de m'intéresser au lendemain, quand pour moi il n'y a pas de lendemain? [Non: seulement des critiques, et seulement des re-   15
proches, et seulement des menaces. Ils bourdonnent autour de
moi comme les mouches autour d'une mule...]

CARDONA

[Vous vous lamentez comme la folle: «Tout ce que je fais est
mal!»] Un homme comme vous ne devrait pas avoir besoin
qu'on lui rende justice.   20

CISNEROS

On vérifie le vin que je bois, et jusqu'à l'eau dont on lave ces
dalles. Deux fois on vient de tenter de m'empoisonner... Je dors
et dans mes rêves ils me poursuivent encore.

CARDONA

Je connaissais votre secret, vous me l'avez avoué: il était que
vous aimez d'être haï. Mais maintenant vous ne l'aimez plus;   25
que se passe-t-il?

[16] **Et j'y ai mis la main:** And I had my hand in it.
[17] **Qui me sait gré:** Who is grateful to me.

CISNEROS

Oui, que se passe-t-il? C'est moi qui vous le demande. De quoi suis-je coupable?

CARDONA

De tout.

CISNEROS

Comment?

CARDONA

⁵ De tout ce que vous avez fait.

CISNEROS

Je n'ai fait que le bien.

CARDONA

Toujours en abusant, en écrasant, en brisant. Ce que vous avez, vous l'avez cherché.

CISNEROS

Les hommes sont le mal. Comment ferait-on le bien, sans les
¹⁰ contraindre? Et puis, d'autant ils ont souffert par moi, d'autant je les ai rapprochés de Dieu.

CARDONA

Et pourquoi vous occuper des hommes? Pourquoi voulez-vous gouverner encore? Pourquoi vous inquiéter de ce que vous avez fait? Quand vous venez de dire que vous ne souhaitiez que la
¹⁵ submersion infinie.

CISNEROS

Une œuvre de vingt-cinq années... J'ai fait en vingt-cinq ans ce que d'autres ne font pas en quarante.

CARDONA

Vous pensiez comme un saint pour qui Dieu seul existe, et vous pensez ensuite comme un marchand qui meurt.

CISNEROS

La reine m'a mis dans un trouble dont vous cherchez à profiter...[18]

CARDONA

Vous avez profité avant-hier du trouble où me mettait la mort de mon enfant. (*avec âpreté et sarcasme*) Vous êtes devant une nécessité à laquelle vous ne pouvez rien. Alors aimez-la, collaborez-y! Oh! comme cela serait beau, que votre œuvre s'écroulât en même temps que vous! Avant de mourir, vous devriez déchirer votre œuvre, la déchirer? la ravager de vos propres mains—par des actes, par votre testament,—comme les enfants, quand la marée arrive, détruisent le château de sable qu'ils ont passé la journée entière à construire. Organiser vous-même le grand naufrage de votre galère. Ainsi, en mourant, vous signifieriez solennellement au monde que tout ce que vous avez fait est une dérision. Voilà qui aurait un grand sens, et qui serait digne d'un homme aussi exceptionnel que vous. Voilà aussi, Monseigneur, qui serait digne de la reine, et ce mot seul, je pense, va suffire à vous convaincre. (*temps*) Allons, je vois que vous tenez beaucoup à vos œuvres.[19] Je ne vous comprends pas, non, je ne vous comprends pas!

CISNEROS

Vous êtes du monde des vivants et je suis du monde des morts; il n'y a pas de langage commun entre nous. Une vérité pour les vivants. Une vérité pour les morts.

CARDONA

Je vais vous dire autre chose. En détruisant à votre mort votre œuvre politique, vous aurez enfin retrouvé Dieu. Songez-y bien, je vous dis ce que vous aurait dit la reine.

---

[18] **La reine . . . profiter:** The Queen has caused my disquiet from which you seek to profit.
[19] **je vois que vous tenez beaucoup à vos œuvres:** I see that you are very attached to your (life's) works.

CISNEROS

La détruire comment?

CARDONA

Il est toujours facile de détruire.—Vous voyez, vous êtes tenté.

CISNEROS

Il y a en vous quelque chose de diabolique... (*changeant de visage*) Je ne me sens pas bien... Laissez moi... Non, restez.
5 Une présence m'écorche, et la solitude me fait peur. C'est une crise comme celle que j'ai eue il y a trois semaines.

CARDONA

Venez vous étendre.

CISNEROS

Non, pas étendu: assis. (*Il s'assied, porte les mains à son front.*) Ah! c'est horrible! (*Il paraît défaillir, Cardona le soutient.*)
10 Mon esprit s'égare. Est-ce bien vous, Luis, qui êtes là, ou n'étiez-vous là que tantôt?

CARDONA

Je suis là. Je fais appeler Campos.

CISNEROS

Non. (*Il reste assis un assez long temps, faisant des gestes dénués de sens, l'air hagard.*)

CARDONA

15 Je vous en prie, laissez-moi appeler le médecin. Vous ne pouvez pas rester ainsi.

CISNEROS, *se levant, et se dirigeant en vacillant jusqu'à son bureau, où il s'assied.*

Je vais extrêmement bien. Je classe ces papiers avec une lucidité entière. (*Les mains tremblantes, il met des papiers dans des dossiers, manifestement ne sachant pas ce qu'il fait. Puis il se lève*
20 *et, comme un homme ivre, va s'adosser au mur.*) Je suis tout à

fait bien. La conquête des Indes du Nord serait pour moi un jeu d'enfant. Quel chiffre donne: sept fois neuf?

CARDONA

Asseyez-vous. Vous me faites peur. (*Il approche un fauteuil, où Cisneros tombe assis.*)

CISNEROS

Je vous ai demandé: quelle somme fait: sept fois neuf?   5

CARDONA

J'appelle Campos, que vous le vouliez ou non.

CISNEROS

Campos! C'est lui qui a tenté de m'empoisonner...

CARDONA

Mais non! Mais non!

CISNEROS, *d'une voix éteinte*

Qu'il vienne vite.

CARDONA, *après avoir sonné, au valet qui apparaît*

Fais venir au plus vite le docteur Campos. (*bas*) Et le Père Alta-   10
mira, pour qu'il le confesse. Vite! vite!

CISNEROS, *de plus en plus éteint*

Les nuages se dissipent. Voici la fin des nuages...

Scène III

CISNEROS.   CARDONA.   ESTIVEL.   ARALO.
Puis VARÁCALDO.   L'ARCHEVEQUE DE GRENADE.

ESTIVEL

On appelle Campos. Le cardinal est-il souffrant?

CARDONA

Pis que souffrant: au plus mal. Son pouls est presque insensible.

5 *Le cardinal reste silencieux pendant les répliques suivantes. Les paupières closes, ratatiné et complètement perdu dans ses vêtements sacerdotaux, au fond de son fauteuil, il paraît épuisé.*

ARALO

Il est livide. Je crois qu'il passe.

ESTIVEL, *avec extase*

C'est le moment, c'est enfin le moment! Et nous allons voir cela de nos yeux!

ARALO

On dirait une levrette enveloppée dans une couverture. Et une 10 levrette qui n'est guère en état de montrer les dents.

ESTIVEL

Voilà donc celui qui faisait peur à tant de gens, qui empêchait tant de gens de dormir! L'homme qui cherche à faire peur est plus vil qu'une bête sauvage. (*avec extase*) Maintenant, c'est nous qui ferons peur!

ARALO

15 Il faut avouer qu'il expire avec un parfait naturel.

CARDONA

Je vous en prie, allez chercher de l'eau, que je lui humecte les tempes. (*Personne ne bouge.*)

L'ARCHEVEQUE, *à Cisneros*

Vous me reconnaissez? Je suis Antonio de Rojas, archevêque de Grenade. Vous me donniez des ordres il y a une demi-heure. Le temps n'est plus de me donner des ordres à présent.

CARDONA

Respectez un homme qui va mourir, Monseigneur.

L'ARCHEVEQUE

Je respecte la mort en lui, non lui.   5

ESTIVEL, *se jetant à genoux, les mains jointes*

Mon Dieu, faites qu'il meure! Mon Dieu, faites qu'il meure!

ARALO, *faisant de même*

Mon Dieu, faites qu'il meure!

L'ARCHEVEQUE

Retirez-vous, Monsieur le Neveu. Vous aussi, votre règne est terminé. (*au cardinal*) Il y a eu le temps de faire. Maintenant est venu le temps de défaire, et de faire autre chose que ce que vous 10 avez fait, Cardinal.

ESTIVEL, *toujours à genoux, à l'archevêque*

Insultez-le bien. Dans l'état où il est, nos insultes peuvent le finir.

CARDONA, *au valet, qui rentre*

Et le Père? Et le docteur?

LE VALET

Le docteur Campos arrive. Le Père, on ne le trouve pas dans le 15 palais.

CARDONA, *à l'archevêque*

Monseigneur, je vous en prie, donnez-lui vite l'absolution...

L'ARCHEVEQUE

Dieu l'absoudra s'il lui plaît, sans qu'on ait besoin de moi.

ARALO, *toujours à genoux*

Mon Dieu, faites qu'il meure! Mon Dieu, faites qu'il meure!

CARDONA, *au cardinal*

Pouvons-nous faire quelque chose pour vous? Voulez-vous quelque chose?

CISNEROS, *très faiblement*

Je voudrais ne plus voir de visages humains.

ARALO, *se relevant, avec crainte*

⁵ Il parle, il entend... Eloignons-nous.

VARACALDO

Monseigneur, ma nomination au secrétariat des ordres militaires, que vous m'aviez promise, si vous pouviez la confirmer devant témoins... Vous savez que tout mon avenir en dépend...

CARDONA

Monseigneur, vous semblez très faible. Au cas où l'heure de
¹⁰ Dieu serait proche, vous devriez réciter les prières des agonisants...

CISNEROS, *avec une force inattendue*

Non! non!

CARDONA

Tenez ce cierge bénit dans votre main.

CISNEROS, *laissant tomber le cierge qu'on lui mettait dans la main*

Non! non!

L'ARCHEVEQUE, *au cardinal, sous son nez*

¹⁵ Nous témoignerons que vous êtes mort en refusant d'invoquer le Sauveur.

CARDONA

Il rouvre les yeux.

L'ARCHEVEQUE

Vous avez dit que vous ne vouliez pas voir de visages humains.
Nous témoignerons que vous êtes mort en rejetant la commu-
nauté de vos frères.

VARACALDO

Monseigneur, pour ma nomination, vous savez que je suis ici le
seul des secétaires à connaître le latin, et comme je me débrouille   5
dans le chiffre. Il n'y a que moi qui m'y retrouve.

CARDONA

Laissez-le, Monsieur le Licencié. Vous voyez bien qu'il se remet.
Ne l'étourdissez pas.

VARACALDO

Le cardinal m'a promis aussi le secrétariat de la sainte Inquisition...   10

CARDONA

Il y en a ici qui ont servi loyalement le cardinal. Mais vous!...

VARACALDO

Mais moi?...

CARDONA

Quand vous avez osé écrire que «le serviteur de Dieu avait bien
su se servir lui-même»!

VARACALDO

Je proteste que Sa Seigneurie me fait confiance plus qu'à per-   15
sonne au monde!

CISNEROS, *ressuscitant, d'une voix très ferme*
Je ne mourrai pas avant d'avoir rencontré le roi.

CARDONA

Allons, ce n'était pas si grave...

CISNEROS

Je vivrai pour rencontrer le roi.

*Estivel, Aralo et l'archevêque de Grenade profitent de l'entrée
du docteur Campos pour se retirer.*

Scène IV

CISNEROS.   CARDONA.   VARACALDO.   CAMPOS.

LE DOCTEUR CAMPOS

Qu'y a-t-il?

CISNEROS

[5] Rien. Quand je serai pour mourir,[20] je vous le ferai savoir. Je
rencontrerai le roi. Je lui dirai ce que j'ai à lui dire. Ensuite je
mourrai s'il le faut.—Je sais pourquoi j'ai eu cette défaillance.
Parce que je n'ai pas pris la sainte Communion ce matin.

CARDONA

Mais c'est Dieu lui aussi qui vous ressuscite.

CISNEROS

[10] Je les entendais m'outrager. J'ai fait durer cela un peu.

CARDONA

Ce n'est pas ce que vous disiez il y a un moment.

CISNEROS

Qu'est-ce que je disais?

CARDONA

Que vous ne vouliez plus voir de visages humains.

[20] **Quand je serai pour mourir:** When I am ready to die.

CISNEROS, *avec émotion*

Encore une parole de la reine: « Je n'aime pas les visages»... —
J'avais horreur de leurs visages, mais, dans un rêve, je les entendais m'outrager, et j'aimais cela: c'est cela qui m'a rendu la vie.
(*A Varacaldo.*) Faites préparer un ordre d'arrêt contre l'archevêque de Grenade. Il sera emprisonné à la Tour de Calahorra. 5

VARACALDO

Quel motif donnerons-nous?

CARDONA

Aucun. Quant aux deux autres, ils oublient que leurs bons amis
les rebelles, à Villafrades, peuvent être écrasés en une heure.
Envoyez un courrier à Sarmiento. Qu'il avance sur Villafrades,
bombarde le bourg, qu'il n'y ait plus de Villafrades, qu'on sème 10
du sel sur les décombres, que tout soit terminé demain soir.

Sortent Varacaldo et Campos.

Scène V

CISNEROS.   CARDONA.

CARDONA

Cela est terrible.

CISNEROS

Dans la situation où je suis, il ne faut pas faire les choses à
moitíe, il faut les faire terriblement. Quand elles sont faites terriblement, alors elles sont faites. 15

CARDONA

Vous voulez vous assurer que vous êtes vivant.

CISNEROS

Je puis vous affirmer que quiconque ne m'obéira pas en répondra devant moi et devant Dieu.

CARDONA

L'inimitié personnelle qu'a contre vous l'archevêque de Grenade...

CISNEROS

5 Mes ennemis personnels sont par là même ceux de l'Etat.

CARDONA

Et vous ne devriez pas agir ainsi contre ceux de Villafrades. Tous les torts ne sont pas de leur côté.

CISNEROS, *désignant la fenêtre*

Avec ce qu'il y a en bas, j'aurai toujours raison.

CARDONA

Ce qu'il y a... Quoi? Ah! oui, vos canons! Des canons dans la
10 cour de votre palais, comme s'il était une place forte. Et leur fumée qui infeste...

CISNEROS

J'aime mieux l'odeur de mes canons que les parfums de l'Arabie.

CARDONA

Pourtant nous ne sommes pas en guerre, que je sache.[21]

CISNEROS

On est toujours en guerre pour le Roi et pour la Foi. Raser Villa-
15 frades est peut-être un acte douteux, mais c'est un acte qui sert l'Etat. La question est donc jugée.

CARDONA

Vos canons qui tirent à blanc, pour faire du bruit!

[21] **que je sache:** as far as I know.

CISNEROS, *revenant*

Vous croyiez que j'allais mourir. Je vivrai pour recevoir mon roi.
Je vivrai aussi pour voir la ruine de ceux que je me surprendrais
à haïr,[22] si on pouvait haïr avec Dieu et pour l'amour de Dieu.
Une de mes forces est de n'avoir pardonné jamais. Et puis quoi,
pardonner! pardonner! C'est la peur qui pardonne. Le moment 5
n'est pas venu que je sois dépecé par tous. Ce moment viendra,
mais ils ont encore à attendre. Et je mourrai de façon que ma
mort les gêne bien, allez, vous verrez cela.

CARDONA

On meurt comme on peut.

CISNEROS

On meurt comme on est, et on meurt comme on le veut. Faites 10
revenir Varacaldo. J'ai des lettres à dicter. (*Cardona, à son tour,
se dirige tout d'un coup vers la fenêtre. Mais Cisneros le rappelle.*) Tout à l'heure, n'est-ce pas? j'ai crié: «Ah! c'est horrible!»

CARDONA

Oui. 15

CISNEROS

Vous ne direz à personne que j'ai crié cela.—Mais je sais bien
que vous allez le dire. (*Cardona regarde par la fenêtre.*) Que regardez-vous?

CARDONA

Il me semblait que des cavaliers au galop s'étaient arrêtés devant
le palais. 20

CISNEROS

Vous le rêvez. J'ai l'oreille encore fine.

[22] **que je me surprendrais à haïr:** whom I would discover myself hating.

CARDONA, *avec exaltation*

Quand j'ai cru que vous alliez mourir... Excusez-moi, mon cœur m'étouffe...[23] Je vous aime, mon Père, je vous révère; ce sera ma part ici-bas et dans les cieux, qu'avoir approché un homme tel que vous...[24]

CISNEROS, *reculant*

5 Ce ton me déplaît.

CARDONA

Mais vous avez toujours voulu m'humilier...

CISNEROS

Je vous ai humilié? Je ne me souviens pas.

CARDONA

Pourquoi m'avoir méconnu? pourquoi m'avoir dédaigné? Qui vous défendra après votre mort, sinon moi?

CISNEROS

10 Je ne vous dédaigne pas du tout, mon cher Luis...

CARDONA

Ne m'appelez pas «mon cher Luis». Cela montre que vous me dédaignez.

CISNEROS

Vous perdez la tête.

CARDONA

Si j'avais pu parler avec vous, une seule fois, d'une façon hu-
15 maine... Un mot, un seul mot, à de certaines heures, eût suffi. Mais vous ne l'avez jamais dit. Vous étiez ailleurs.

---

[23] **mon cœur m'étouffe:** I am overwhelmed.
[24] **ce sera ma part . . . tel que vous:** my "reward" on earth as well as in heaven will be to have had the opportunity of knowing such a man as you.

CISNEROS

Oui, j'étais ailleurs.

On entend un bruit de chevaux, très net cette fois, au-dehors.
Les chevaux s'arrêtent. Des chiens aboient. Cardona va de nou-
veau, avec fièvre, à la fenêtre.

CARDONA

Un courrier du roi!

5

CISNEROS

Du roi?

CARDONA

Voyez les oriflammes avec les tours et les lions.

CISNEROS

Je ne distingue pas. (*Il se dirige vers la porte.*)

LE GENTILHOMME DE LA CHAMBRE, *entrant*

Le Seigneur comte de Lemos fait dire à Votre Seigneurie qu'il
vient de se briser une jambe dans une chute de cheval et qu'il 10
ne pourra aller après-demain à Majados. Il va écrire à votre Seigneurie.

CISNEROS, *à Cardona*

Qu'est-ce qui vous a fait croire que c'était un courrier du roi?

CARDONA

Le blason de Lemos a les mêmes couleurs que les armes de Castille. 15

CISNEROS, *avec inquiétude*

Le roi vous a parlé hier. Pourquoi enverrait-il un courrier aujourd'hui?

CARDONA

Il peut s'être passé... (*Il s'arrête.*)

CISNEROS

Rien ne se passe plus, là où je voudrais être. Mais ici se passent encore des choses. Qu'est-ce qui se passe? J'exige de tout savoir. Est-ce qu'il avait annoncé une lettre? Il y a des lettres qu'on ne me remet pas...

CARDONA

⁵ Qu'importe ce qui se passe, et pourquoi êtes-vous inquiet, puisque les hommes ne peuvent pas vous atteindre, vous me l'avez assez dit? Puisqu'en rien vous n'êtes comme les autres!

De nouveau, bruit de chevaux et aboiements de chiens. Un des chiens, seul, continuera d'aboyer, à intervalles plus ou moins
¹⁰ *fréquents, jusqu'à la fin de l'action.*

CISNEROS

Encore des chevaux qui arrivent... (*Il va à la fenêtre.*) Des hommes du roi! Cette fois on ne peut s'y tromper: il y a les quatre alferez. (*Il a pâli. Avec violence*) Pourquoi me regardez-vous ainsi? Ai-je la mort inscrite sur le visage? Cessez donc de
¹⁵ me regarder ainsi. (*Cardona va à la fenêtre.*) Comment avez-vous pressenti qu'il viendrait un envoyé du roi? Vous savez quelque chose et vous ne m'avez pas parlé. Vous m'avez trahi vous aussi, bien sûr.

CARDONA

Si cela est «bien sûr», pourquoi m'avez-vous envoyé?

CISNEROS, *humblement*
²⁰ C'est encore vous de qui je me défiais le moins.

CARDONA

Vous vous défiiez de moi, vous en faites l'aveu. Et cependant vous m'avez envoyé: la passion a été la plus forte. Quelle passion? Vous vouliez me mater: les enfants qu'on jette à l'eau pour qu'ils nagent. Et vous vouliez m'exposer. La reine l'a bien dit:
²⁵ des actes en apparence raisonnables, et qu'en réalité vous ne faites que dans la passion. Et le duc de l'Infantado vous l'avait dit avant elle, par la bouche de son chapelain stupide.

CISNEROS

Que vous a dit le roi? Que lui avez-vous dit? Oh! vous ne lui
avez rien dit de grave contre moi. Mais vous lui avez dit ce qu'il
faut dire en ce moment, vous m'avez blâmé parce qu'en ce
moment on doit me blâmer. Vous m'avez trahi pour faire
comme les autres, ce qui est la façon la plus vile de trahir, celle   5
qu'on écrase du pied comme un crachat. Eh bien! répondez.
Vous, le vaillant capitaine, ayez au moins le courage de me répondre: «Oui, c'est cela que j'ai fait.»

CARDONA

Oui, c'est cela que j'ai fait.

CISNEROS

Vous retournerez à votre corps, comme vous le souhaitez. Et   10
plus jamais vous ne reparaîtrez devant moi. Vous savez que
c'est sans peine que je me débarrasse des gens.

CARDONA

Je pouvais ne rien vous dire. C'est par respect pour vous que je
vous l'ai dit. J'ai pour vous un respect immense. Si vous étiez un
peu généreux...   15

CISNEROS

J'ai été trop de fois généreux, et trop de fois en vain. Cela s'est
usé.

CARDONA

Vous débarrasser des gens, cela aussi vous donne une preuve
que vous existez.

CISNEROS

Reprenez ce livre dont vous m'aviez fait cadeau. (*Il saisit un in-*   20
folio sur la rangée la plus proche de sa bibliothèque, mais son
bras ne peut le soutenir, le livre va tomber...) Prenez-le vous-
même. Je ne peux pas. (*Cardona prend le livre et le pose sur la*
table. A ce moment, des hommes ouvrent la porte. De nouveau,
brouhaha à la porte.)   25

CISNEROS

Qu'on fasse donc taire ce chien! Nous sommes ici avec Dieu et le roi, pas avec les chiens!

Scène VI

LES MEMES.   LE GENTILHOMME DE LA CHAMBRE.
            VAN ARPEN.   LA MOTA.

LE GENTILHOMME DE LA CHAMBRE

Monseigneur, le baron Van Arpen est là, avec un message du roi. Don Diego de la Mota l'accompagne. Ce doit être un mes-
⁵ sage très important, pour que le roi ait envoyé un de ses conseil-lers...

CISNEROS, *soudain rasséréné, du moins en apparence*

Van Arpen est un des rares parmi ces gens-là qui soit bien. Et Don Diego est un ami dans le camp d'en face. (*A ce moment, on entend la sonnerie de l'angelus, qui se mêle aux aboiements du*
¹⁰ *chien.*) L'angelus... Dans quelques jours, ce sont toutes les clo-ches de Madrid qui sonneront pour l'entrée de notre roi.—Prions pour que la lettre de notre roi soit une lettre bonne.

Le cardinal s'agenouille à deux genoux, avec beaucoup de peine.
Le gentilhomme de la chambre et Cardona fléchissent le genou.
¹⁵ ˙   *Ils prient à voix basse. Ensuite:*

CISNEROS

Faites entrer le baron Van Arpen.

Van Arpen et La Mota entrent. Van Arpen en habits de couleurs voyantes, La Mota en noir des pieds à la tête. Durant toute la scène, La Mota se tiendra à l'écart, en retrait, immobile et rigide.

VAN ARPEN, *genou en terre devant le cardinal, très obséquieux*
²⁰ Monseigneur, je baise vos mains et je me dis votre fils respec-tueux et soumis. Monsieur le capitaine Cardona a dû vous

annoncer ma venue. (*Le cardinal se tourne vers Cardona, avec saisissement.*) J'apporte à votre révérendissime Seigneurie une lettre de Sa Majesté, dictée hier. Puisque Dieu a voulu que je fusse la première personne de la cour à me trouver en votre sainte présence, j'assure votre révérendissime Seigneurie que 5 rien au monde ne nous est plus cher à tous que l'amour que les peuples d'Espagne et vous-même vous portez à Sa Majesté. Cet amour est rendu. Entre ceux qui arrivent et vous il n'y a pas eu d'ombres;[25] il n'y en aura pas. L'unité du royaume est dorénavant plus forte que jamais.—Je demande à Votre Sei- 10 gneurie sa bénédiction.

CISNEROS

Je vous la donne, et je vous témoigne que vos paroles me sont agréables. (*Il lui donne la bénédiction. Puis il dit aimablement à La Mota:*) Don Diego, je ne vous ai pas souhaité la bienvenue... *La Mota ne répond pas, et ne bouge pas. Un court temps. Le car-* 15 *dinal lui donne, de loin, la bénédiction. Puis il va vers la porte et crie à des gens du dehors, avec colère:* «Enfin, est-ce qu'on ne m'obéira pas? Est-ce qu'on ne va pas éloigner ce chien?» *Puis il revient, saisit le pli que lui tend Van Arpen, et l'appuie contre son cœur. Puis il commence de le lire, marque une vive émotion,* 20 *et le tend à Cardona. Mais aussitôt il se reprend, et le tend à Van Arpen.*

CISNEROS, *d'une voix blanche, à Van Arpen*

Je n'ai lu que la phrase me commandant de quitter Madrid et de me retirer dans mon diocèse aussitôt que j'aurai mis le roi au courant des affaires. Voulez-vous lire ce qui suit. 25

VAN ARPEN, *lisant*

«Pour y prendre un repos si nécessaire à votre vieillesse.»

CISNEROS

Ensuite?

VAN ARPEN

«Dieu seul pourrait récompenser dignement les services que vous avez rendus à l'Espagne.»

[25] **ombres:** Figuratively, shadows refer to misunderstandings, conflicts.

CISNEROS, *de plus en plus faiblement*

Ensuite?

VAN ARPEN

«Je ne cesserai d'avoir pour Votre Seigneurie le respect et l'affection d'un fils.»

CISNEROS, *de même*

O mon Dieu! Qu'ai-je fait? Pourquoi cette punition? (*Le cardi-*
5 *nal esquisse un pas en titubant; des larmes lui sont venues aux yeux.*) Pauvre roi, pauvre roi, lui aussi, il aura ses traîtres...

Il commence sur sa poitrine le signe de croix, qu'il ne peut finir, et s'écroule. Il n'est pas étendu, mais recroquevillé sur lui même, rapetissé comme une mouche morte. Cardona, un genou en
10 *terre, le tourne, palpe son cœur, fait signe qu'il a cessé de vivre. Van Arpen éclaire le groupe: tout le reste de la pièce est dans de profondes ténèbres, d'où ne sortent que le visage et la colle-rette[26] pâles de La Mota.*

CARDONA

Il était donc bien comme les autres! (*Soudain il soulève une*
15 *des mains du cadavre, et la baise.*) Mon Père, pardonnez-moi! Mon Père!

VAN ARPEN, *posant le flambeau sur la table*

Qu'il ne croie pas que nous ayons fini de le juger.

LA MOTA

Un jour on ne le jugera même plus.
         Dehors, le chien aboie continûment.

Fin

---

[26] **collerette:** ruff. A ruff was an elaborate white linen collar suggesting in form ruffles, or scrolls, but it was sometimes flat. Spanish portrait painters of the 16th and 17th centuries portray such collars worn by both men and women.

Questionnaire

Scène I

1. Comment se fait-il que Cisneros ne soit pas sûr de pouvoir compter sur les factions qui devraient soutenir son pouvoir?

2. Quelles phrases de Jeanne le Cardinal répète-t-il?

3. Comment vous expliquez-vous l'impatience de Cisneros lorsqu'il parle à son secrétaire?

Scène II

1. Cisneros continue à se poser des questions sur la politique. Lesquelles?

2. Commentez cette phrase de Cisneros: «Paralysé par le sentiment du ... ridicule».

3. Pourquoi Cisneros cesse-t-il d'agir?

4. Pour quelle raison le Cardinal tient-il à parler avec Charles?

5. Pourquoi Cardona dit-il que Jeanne «*ne peut pas pécher*»?

6. Cisneros mentionne «l'eau qui sort de [son] Dieu.» Que se passe-t-il quand il essaie d'atteindre cette eau symbolique?

7. Comment le nihilisme de Cisneros devient-il de plus en plus clair?

8. Cardona révèle-t-il sa traîtrise sans le vouloir? Expliquez.

9. Pourquoi Cardona ose-t-il parler si franchement à son oncle? Expliquez ce changement de ton.

10. On pourrait dire que cette scène et la scène III de l'acte précédent se font pendant. Précisez.

Scènes III-IV

1. Quel est le sens des actes de l'Archevêque de Grenade?

2. Pour quelle raison Cisneros répète-t-il «non! non!»?

3. Quelle est l'obsession de Cisneros dans la scène IV?

Scènes V-VI

1. Que symbolise l'aboiement des chiens?

2. Comment Cisneros réagit-il lorsqu'il apprend la trahison de Cardona? Trouvez-vous que le Cardinal ait été trop naïf?

3. A votre avis, pourquoi Montherlant désire-t-il que La Mota reste à l'écart sans rien dire?

4. A quoi ressemble Cisneros mort?

5. Selon vous, quel est le sens probable des deux dernières répliques du drame?

Postface

Cette pièce fut écrite à Paris durant les étés de 1957 et de 1958. L'été 1957, je travaillais alternativement au *Cardinal d'Espagne* et à *Don Juan*.[1] Le matin, je faisais galoper vers Séville le Plaisir et la Mort.[2] Le soir, je faisais danser le fandango à la Perfidie, la Folie et la Mort.[3] Il s'agissait ici et là de gens qui veulent mourir 5
dans ce qu'ils sont. Don Juan y arrive parce qu'il a une passion unique, l'heureux homme. Cisneros a deux passions, et meurt déchiré. L'un et l'autre sont des exceptionnels, c'est-à-dire que le monde lui aussi les déchire.

Le *Cardinal d'Espagne* n'est pas une pièce historique. S'il 10
était une pièce historique, j'y aurais fait intervenir plusieurs personnages qui sont passés dans les derniers temps du cardinal Cisneros, et de qui la valeur dramatique ou sentimentale est grande.[4]

Cette pièce n'étant pas une pièce historique, les connais- 15
seurs n'ont pas à s'impatienter si j'y ai ajouté la déformation du dramaturge à cette première déformation qu'est l'histoire. D'autant que les connaisseurs sont rares, hors d'Espagne. J'ai interrogé des Français, des Anglais, des Italiens cultivés: aucun

[1] *Don Juan:* play of Montherlant. For all works listed in the "Postface," *see* Bibliography.

[2] **je faisais galoper vers Séville le Plaisir et la Mort:** I made Pleasure and Death galop toward Sevilla (in writing *Don Juan*).

[3] **je faisais danser . . . Mort:** I had Perfidy, Madness and Death dance the fandango (in writing *Le Cardinal d'Espagne*).

[4] Les co-régents imposés à Cisneros par le roi (Adrien d'Utrecht, doyen de Louvain, La Chaux, Sauvage), qui le traversent, Adrien d'Utrecht, notamment, qui ouvre sa correspondance. La fille de Jeanne la Folle (dix ans), intelligente et sensible, qui partage la réclusion et la déchéance de sa mère, et intervient auprès du roi en sa faveur. L'infant Fernando (quatorze ans), *el hermoso*, «le beau», frère du roi Charles, qui veut régner et complote, et l'admirable scène où il donne libre cours à sa colère, son orgueil et ses larmes devant l'octogénaire Cisneros, qui le mate. Germaine de Foix, veuve du roi Ferdinand, amoureuse de l'infant-enfant, et qui rêve de l'épouser dans quelques années, etc . . . [Montherlant's note.]

d'eux ne savait quoi que ce soit du cardinal Ximenez de Cisneros. (Si la reine Jeanne ressuscitait, quelle joie pour elle de voir que l'étonnant Cisneros est à ce point oublié, et que, bien entendu, peu de temps après sa mort, il ne restait pas grand-
5 chose de ce qu'il avait fait!)

Le problème que j'ai évoqué principalement dans cette pièce est celui de l'action et de l'inaction, touché dans *Service Inutile* dès 1933, et plus tard dans *Le Maître de Santiago*.[5] Il me semble qu'ici il dévore tout le reste. Car il n'y a pas de problème plus
10 essentiel pour un homme que celui de décider si ses actes ont un sens ou n'en ont pas.

A l'intérieur de ce problème évoluent ici trois «caractères»:

1° le caractère de Cisneros, l'homme qui se trompe sur ce qu'il est: la radio nous apprend que nous n'avons pas la voix
15 que nous croyons avoir. Durant le premier acte, il se vante qu'aucun affront ne peut le blesser. Durant le second acte, il est troublé par la tentation de la retraite, trouble qu'il dévoile au début du troisième acte. Mais lorsque, *in fine*, le roi lui fait un affront, auquel il devrait être insensible, et lui impose cette
20 retraite, après laquelle il soupirait, il meurt de douleur. Tragédie de l'aveuglement, comme *Malatesta*.[6] «Hommes toujours si différents de ce qu'ils croient être» (note de *Fils de Personne*).[7] J'ai écrit aussi: «Ce que chaque être offre de plus exaltant à l'amateur d'âmes, c'est sa façon de se mentir à soi-même.» Dans mon
25 théâtre, Philippe et Geneviève de Presles, Malatesta, Alvaro, la sœur Angélique se trompent sur eux-mêmes;[8]

2° le caractère de Cardona, qui mêle l'admiration et l'animosité, l'affection et la perfidie, la clairvoyance et l'inconscience. Il «aime» tout en trahissant, c'est-à-dire qu'il n'aime pas.

---

[5] *Service Inutile, Le Maître de Santiago:* The first work is a key essay in understanding Montherlant's work; the second, a drama devoted to Renaissance Spain and the religious Order of Santiago, or Saint James of Compostela.

[6] *Malatesta:* Montherlant's drama devoted to Renaissance Italy.

[7] *Fils de personne:* Montherlant's drama placed in a contemporary setting.

[8] Philippe, Geneviève de Presles are characters in *L'Exil;* Alvaro figures in *Le Maître de Santiago;* la sœur Angélique is a nun in *Port-Royal.*

Il trahit par envie, par petitesse, par rancune, par conformisme;
surtout par le sentiment incurable de son infériorité.

(La jalousie de Cardona—jaloux de quiconque attire l'attention ou la sympathie de son oncle: la reine, le roi...—le pousse
à employer contre le cardinal les mêmes idées qu'a employées   5
contre celui-ci la reine, et en renchérissant sur elles: il est par
moments le singe de la reine. La méchanceté du cardinal contre
Cardona affronte la méchanceté de Cardona contre le cardinal.
Le neveu jalouse le caractère de l'oncle, en même temps qu'il
méprise sa vieillesse, et l'oncle méprise le caractère du neveu,   10
en même temps qu'il jalouse sa jeunesse. Cardona est un demi-
sot, mais son mouvement de méchanceté, au III, quand il veut
se venger de Cisneros, lui fait transcender sa sottise, et c'est
alors qu'il propose à Cisneros la tentation de dévaster son œuvre
par sa mort, afin de pouvoir «retrouver Dieu», idée qui boule-   15
verse le cardinal au point qu'il en perd connaissance.—Là tentation de détruire tout ce qu'on a construit est une des obsessions
de mon œuvre. *Aedificabo et destruam*—«j'édifierai, et je dé-
truirai ensuite ce que j'ai édifié»— a été pendant longtemps une
des devises de cette œuvre);   20

3° le caractère de la reine, qui oscille sur un rythme rapide
de la sagesse profonde à la folie.

(Remarquons-le en passant: si ces deux derniers personnages sont multifaces, Cisneros lui aussi a plusieurs faces: *caudillo*, moine, cardinal, lettré, voire à l'occasion chef de guerre.   25
Et le conflit entre deux de ses tendances, le goût du pouvoir et le
goût de la contemplation, est un des éléments de la pièce. Par là
mes trois personnages justifient cette pensée, qui est de Hugo,
je crois, et que j'ai illustrée déjà dans *Malatesta*, que le propre
de la Renaissance est le double visage.)   30

La «Dureté»[1] de Cisneros

Lorsque fut créé *Le Maître de Santiago*, dans la presse française
on se voila la face devant la «cruauté» du principal personnage,
don Alvaro. J'eus la simplicité de vouloir le justifier. J'oubliais
que j'étais fortement dans la vérité ethnique et historique, et, si
5 j'avais eu à me reprocher quelque chose, ç'aurait été plutôt
d'avoir fait tant parler Alvaro de charité. J'ai lu depuis dans
Unamuno,[2] *En torno al casticismo:* «Montégut disait de nos
mystiques qu'ils ne connaissent la charité que de nom, et qu'elle
est pour eux vertu théologique plutôt que théologale.[3] Cette
10 affirmation peut se justifier.» (J'ajouterai: lorsqu'ils sont charitables, ce n'est pas par amour des hommes, c'est par amour de
Dieu. Et, d'après mes lectures, j'ai l'impression que c'est là en
particulier le cas de Cisneros.) L'Espagnol n'est pas et n'a jamais été un tendre—il n'y a pas de lacs en Espagne,—et d'ail-
15 leurs, nulle part en Europe, au XVIe siècle, la mode n'était à
l'amour, je veux dire l'amour humanitaire.[4]

---

[1] Montherlant's term **dureté** has a rather more specific sense in French
than it does in English; his own quotation marks suggest, however, his
doubt about the appropriateness of such a strong term as applied to the
Cardinal. Several words must be used to give the term its flavor: harshness, severity, cruelty, intolerance.

[2] Miguel de Unamuno: A distinguished Spanish scholar and philosopher
(1864–1936).

[3] **vertu théologique plutôt que théologale:** a theological virtue rather
than one relating to theology. The three **vertus théologales** are faith, hope,
and charity.

[4] Un autre moine politique, le Père Joseph, est en train de dire sa messe.
On vient lui annoncer qu'on a fait deux cents prisonniers espagnols, et
on lui demande s'il faut les tuer. «Oui, tous», répond le moine, et il se
remet à dire l'Évangile. Fagniez, dans son livre *Le Père Joseph et Richelieu*, Paris, 1894, cite ces vers du Père Joseph, adressés à la Grèce qu'il
veut par une nouvelle croisade délivrer des Infidèles:

(cont.)

Cependant toute la vie de Cisneros témoigne d'une dureté, envers soi et envers les autres, qui a frappé même ses contemporains et ses compatriotes. J'ai jugé nécessaire de donner ici quelques références historiques de cette dureté, pour deux raisons.   5

1° Parce que sans elle l'effondrement final de Cisneros, dans sa vie et dans ma pièce, est sans importance. Il est important parce que Cisneros est «un dur», et se croit encore plus «un dur» qu'il n'en est un.

2° Parce que l'esprit d'aujourd'hui est porté à ne voir un 10
ecclésiastique que sous un aspect lénifiant. Il fallait, pour justifier mon personnage (ce qui n'était pas nécessaire lorsqu'il s'agissait d'un laïc, et d'un personnage de fiction, comme Alvaro), montrer que le cardinal Cisneros ne fut pas cela. De même aurais-je bien fait d'ajouter en appendice à *Port-Royal* (au 15
volume) des extraits des chroniques du XVIIe siècle où sont relatés les mots et gestes de l'archevêque de Paris en la circonstance qui fait le sujet de la pièce, puisqu'on a trouvé généralement invraisemblable sa grossièreté dans cette pièce, alors que j'avais pris soin d'édulcorer à l'extrême le personnage histo- 20
rique, pour ne pas choquer mes spectateurs et lecteurs.

On lira plus loin des notes qui authentifient certains traits que j'ai empruntés à l'histoire, mais seulement ceux qui peuvent surprendre le public. De ce nombre sont les traits «durs» de Cisneros: ses moyens pour convertir les Maures,[5] sa façon de con- 25

4 (*cont.*)   Si, pour te soulager, l'univers je tournoie,
                 C'est trop peu pour mes vœux.
                 Dans une mer de sang il faut que je me noie,
                 Pour éteindre mes feux.
Les exemples de cet état d'esprit favorable à la *mer de sang* sont courants chez les ecclésiastiques de ces époques. Je n'ai cité ces deux-ci que parce qu'ils viennent d'un franciscain, comme Cisneros. [Montherlant's note.]

5 «. . . la manière expéditive et vigoureuse avec laquelle Cisneros procédait à la conversion des Maures, manière dure et nullement conforme à la théologie, que cependant il ne faut pas imputer à l'homme, mais au siècle qui l'animait de son esprit de fer». Le P. Retana, cité par Lopez de Toro, *Perfiles humanos de Cisneros*, p. 53.   Les jugements dans le même sens abondent. «De nature dédaigneux et amer» (Santamarina, *Cisneros*, Madrid, p. 193). «Il était peu apte au maniement des hommes: pour quelque cause que ce fût, il expédiait rudement ceux qui venaient le voir, ou les traitait avec plus d'âpreté que ne l'accepte le caractère fier des Espagnols» (le contemporain Moringo, cité par Lopez de Toro, *op. cit.*, p. 31). Etc., etc. [Montherlant's note.]

duire la guerre de Navarre, l'écrasement de Villafrades, sa phrase: «Avec cela (ses canons) j'aurai toujours raison», le traitement infligé au chanoine Albornoz, sa phrase: «Autant de pègre en moins», sur une armée espagnole massacrée en
5 Afrique, etc., etc...

Dans un des écrits les plus récents consacrés à Cisneros, *Perfiles humanos de Cisneros*, discours lu en novembre 1958 à sa réception à l'Académie royale d'Histoire de Madrid, l'auteur, M. Lopez de Toro,[6] dit (p. 11) que la signe biblique de «contra-
10 diction» est «la clef à laquelle il faut sans cesse recourir pour trouver l'interprétation exacte des actions de Cisneros, tant celles de l'ordre le plus intime que les plus transcendantales et les plus importantes pour l'histoire du pays». Il parle (p. 30) du «labyrinthe de contradictions» qu'était Cisneros, labyrinthe où
15 se perdaient Espagnols aussi bien qu'étrangers.

Je pense que ce jugement peut s'appliquer à toutes les na-tures riches, surtout quand elles sont celles de *bêtes d'action*, et qu'on peut le porter aussi bien sur Napoléon et Jules César. L'important pour moi est ailleurs. Il est en ceci: que l'essentiel de
20 ces «contradictions» soit aux yeux de M. Lopez de Toro la con-tradiction entre l'état ecclésiastique et la dureté. M. Lopez de Toro, qui est prêtre, et publie son travail sous un double impri-matur,[7] avance à pas de chat, on s'en doute. Il se fait comprendre cependant lorsqu'il écrit: «Je réaffirme sa contradiction perpé-
25 tuelle en ce cas typique, contradiction sur laquelle on s'appuie aussi pour objecter à sa béatification»,[8] et lorsqu'il montre que la conduite de Cisneros avec Albornoz influa elle aussi sur le procès de béatification, qui n'aboutit pas (pp. 49 et 50).[9]

[6] López de Toro: *see* Bibliography.

[7] *imprimatur*: printed evidence of Church permission to publish. For example, Fr. López de Toro's text is preceded by the term *Nihil obstat*, with signature, and by *Imprimi potest*, with a second signature.

[8] **béatification:** a limited religious honor granted posthumously to indi-viduals determined by the Catholic Church to have attained the blessed-ness of heaven.

[9] M. Lopez de Toro m'a écrit à ce propos: «. . . la juste interprétation que vous avez donnée de mes paroles sur la *contradiction* constante que l'on observe dans le caractère de Cisneros, sur la prédominance, à certains moments, de sa dureté, et sur le fait que son intolérance a été, selon moi, la note défavorable qui a entravé le cours de son procès de béatification, *(cont.)*

J'ai trouvé dans d'autres lectures, une ou deux fois, la même raison donnée à l'insuccès de la béatification, mais en des endroits que je n'ai pas relevés, parce que ce point ne m'avait pas encore conquis. Si l'on était un historien, et non un dramaturge, qui n'a pas à s'attarder outre mesure, comme il serait 5
intéressant de rechercher les traces du procès de béatification!

Une telle recherche n'a jamais été faite, ou, si elle l'a été, l'a été en sourdine. Car les procès de cette sorte sont des entreprises qu'il faudrait n'enfourner qu'à coup sûr; en cas d'échec, cela est pis que rien. On se dit: «Tiens! qu'y a-t-il eu?» Pour 10
nous autres, cela rend plutôt l'intéressé sympathique: il était homme, totalement homme, puisqu'on n'en a pas voulu comme saint; il a été critiqué, il valait donc quelque chose. Mais le grand public éprouve un certain malaise quand il a vent du faux pas, ce qui d'ailleurs est rare.—Un des prototypes de Don Juan, 15
l'assez célèbre Miguel de Mañara, converti sur le tard, a eu lui aussi une béatification ratée.

Disons, après tout cela, que Cisneros fut un Grand Inquisiteur très modéré.

(cont.)
hypothèse confirmée par le fait que—outre le manuscrit d'Alvar Gomez, *De rebus gestis*—telle et telle circonstance de ce genre a été consignée dans ledit procès, comme je l'ai fait constater à plusieurs reprises dans mon discours.» [Montherlant's note.]

Les deux Pourpres[1]

La *corrida* d'un taureau est divisée en trois *tercios*, trois *tiers*, chacun de cinq minutes environ. Dans le premier *tercio*, le taureau est en principe *levantado*, tenant la tête levée, fier et ne doutant de rien. Dans le second, il est *parado*, arrêté: il a reçu un
5 coup d'arrêt—les coups de piques–qui a «douché» sa fougue. Dans le troisième, il est *aplomado*, alourdi: alourdi, ahuri par les piques et les banderilles, et par toutes les feintes où il a, c'est bien le cas de le dire, donné tête baissée.

Dans *Le Cardinal d'Espagne*, Cisneros est, au premier acte,
10 *levantado;* au second, *parado* (par la reine, qui lui a donné le coup d'arrêt); au troisième, *aplomado*.

Le troisième acte est calqué quasiment sur le troisième *tercio* de la course. Cisneros reçoit le coup d'épée, que lui donne l'insolence de Cardona, mais il reste debout. Les *banderilleros*,
15 dans le cas analogue, font tourner rapidement la bête, à coups de capes brutaux, pour l'étourdir, la déséquilibrer, la forcer à s'abattre. De même les assistants étourdissent le cardinal blessé, d'insultes et de disputes; chacun essaie de l'achever à sa façon. Cisneros s'effrondre mais une insulte plus forte (le coup de
20 couteau maladroit du *puntillero*) l'amène à se relever. Comme fait le taureau qui s'est relevé ainsi, il se remet en marche. Le matador (qui cette fois n'est plus Cardona, qui est un enfant invisible, un jeune Mithra[2] tauroctone, le roi) s'avance, sous les

[1] Note that **pourpre** means crimson, both the crimson of the cardinal's robes and that of the matador's cape.

[2] **Mithra:** Mithra is the ancient Persian god of light; mithraism was a mystery cult of the late Roman Empire. In his novel, *Les Bestiaires*, Montherlant blends the spirit of the cult of Mithra with the mystique of the corrida, and ultimately with Christianity. In writing «un jeune Mithra tauroctone» (a young taurine Mithra), Montherlant, of course, refers to Charles I.

espèces de Van Arpen, assisté du silencieux La Mota,[3] celui-ci très pareil au *banderillero* qui assiste son matador, à l'écart, immobile, mais prêt à intervenir s'il le faut. Le coup est porté, enfin mortel. Ouf! Le matador et son assistant poussent le cadavre du pied. 5

Nombre de Français, et entre tous les intellectuels parisiens, prennent des airs supérieurs quand il est question de tauromachie. La tauromachie est une chose qui va très loin. On peut retrouver le drame taurin à chaque coin de la vie, et tout le long de sa vie. J'aurais beaucoup à dire là-dessus, et bien plus pro- 10 fond que ce que j'en écrivais il y a trente ans. L'essentiel de ce que j'aurais à dire est que le drame du taureau, pendant le quart d'heure de la course, reproduit la vie de l'homme, reproduit le drame de l'homme: l'homme vient assister à sa propre passion dans la passion d'une bête. Là est le grand sens du mystère 15 taurin, et non dans la mythologie où je le voyais il y a trente ans.

Pour finir, et amuser le lecteur, j'ajouterai que Cisneros eut bel et bien son aventure tauromachique, et non pas adolescent, mais archevêque et tout le reste. Une course était donnée en l'honneur du roi Philippe, sur une place publique. On lâcha le 20 taureau trop tôt, et l'archevêque se trouva nez à nez avec lui. Il fut, comme il fallait s'y attendre, très ferme. Les gardes écartèrent la bête. Cisneros eut un mot aimable: «Il n'y a rien à craindre quand les gardes du roi sont là» (dans Alvar Gomez).

(Les deux pourpres qu'évoque le titre de cette note sont la 25 pourpre cardinalice et la pourpre de la *muleta* du matador. C'est ce qu'on appelle une élégance littéraire.)

---

[3] Je n'imagine La Mota qu'avec les traits et les habits du duc d'Albe, dans l'inoubliable portrait par Titien (copie de Rubens) qui est chez les ducs d'Albe à Madrid. L'incarnation de la méchanceté (puisque une fois de plus il faut revenir à ce mot). [Montherlant's note.]

Sujets de Composition

Acte I

1. Faites le portrait du Cardinal Cisneros dans l'acte premier.

2. En vous reportant au texte, commentez le caractère de Cardona.

3. Faites un plan détaillé de cet acte et montrez comment Montherlant met en évidence sa technique dramatique.

4. Analysez les différents tons de cet acte.

Acte II

1. Examinez de très près le sens de la «folie» de Jeanne.

2. Relevez tous les passages qui vous paraissent nettement poétiques. Faites une analyse de cette poésie montherlantienne, et signalez-en la structure: images, composition, justesse, effet.

3. Selon Montherlant (voir «Les Deux Pourpres») Cisneros est *parado* (arrêté) par la reine. Cherchez dans le texte même les arguments de Jeanne susceptibles d'arrêter le Cardinal.

4. Décrivez en détail tous les procédés techniques utilisés par Montherlant dans cet acte: mise en scène, décor, costumes, etc.

Acte III

1. Montrez comment Cisneros se trompe sur lui-même.

2. Réduisez la morale nihiliste de Cisneros à un système «philosophique».

3. Etudiez en détail l'influence de Jeanne la Folle sur les événements de cet acte.

4. Examinez l'ironie dans ce dernier acte.

Etudes Approfondies*

1. Etudiez la question de la religion dans *Le Maître de Santiago* et *Le Cardinal d'Espagne.*

2. Comparez et contrastez le problème de l'action chez Montherlant et chez Sartre.

3. Commentez *Le Cardinal d'Espagne* selon ce paragraphe tiré de l'essai *Service inutile:*

   > Voici ce qu'il me plaît de comprendre: la vie est un songe, mais le bien-faire ne s'y perd pas, quelle que soit son inutilité —inutile pour le corps social, inutile pour sauver notre âme,— parce que, ce bien, c'est à nous que nous l'avons fait. C'est nous que nous avons servi, comme c'est nous qui nous sommes donné la couronne, et les seules couronnes qui vaillent quelque chose sont celles qu'on se donne à soi-même.

4. Comparez et contrastez *Le Cardinal d'Espagne* et *La Vida es sueño* de Calderón de la Barca.

5. *Le Cardinal d'Espagne* est-ce une pièce «cornélienne»?

6. Commentez ce passage de Montherlant (extrait d'un entretien télévisé à la B.B.C. en juillet 1961):

   > Question: . . . *je pense que vous n'approuvez pas la définition qui est souvent donnée, en France, de votre théâtre: un «théâtre de la grandeur.»*

   > Réponse de M.:—C'est un «cliché» tout à fait inexact. Ce théâtre est un théâtre qui montre chez des hommes et des femmes de la grandeur et de la petitesse, des vertus et des vices, de la force et de la faiblesse, des caractères tranchés et des caractères confus. Certains de mes personnages sont un

---

* The following topics are suggested for French majors and graduate students.

peu inhumains, par un excès de dureté, et à cause de cela ont quelquefois attiré l'attention plus que les autres; mais être inhumain est une façon comme une autre d'être humain.

> —*Va jouer avec cette poussière*
> (*Carnets*, 1962)

7. Etudiez le symbolisme de la lumière et de l'ombre dans *Le Cardinal d'Espagne*.

8. Comparez le thème de la trahison dans *Le Cardinal d'Espagne* et dans *Port-Royal*.

9. Dans quelle mesure Cardona est-il l'écho du Cardinal et de la reine?

10. Etudiez la parallèle entre *Le Cardinal d'Espagne* et ce passage tiré de l'essai «Syncrétisme et alternance»:

   Etre à la fois, ou plutôt faire alterner en soi, la Bête et l'Ange, la vie corporelle et charnelle et la vie intellectuelle et morale, que l'homme le veuille ou non, la nature l'y forcera, qui est toute alternances, qui est toute contradictions et détentes.

The following glossary for *Le Cardinal d'Espagne* omits most words properly the part of an elementary vocabulary. It omits close cognates but includes some that are unclear; "faux amis" are listed. Text notes are generally not repeated in the glossary. Since most entries are glossed only for this drama, they are not meant to serve as a dictionary for other reading matter.

Glossary Abbreviations

eccl.	ecclesiastical term
f.	feminine
fig.	figurative
m.	masculine
pl.	plural
p. p.	past participle
Span.	Spanish word

A

s'abattre to fall down
abîme *m.* impenetrable depths
aboiement *m.* barking
abonder to be abundant
aboutir to succeed
aboyer to bark
abreuver to heap (*fig.*)
abri *m.* à l'— **de** sheltered from, away from
absoudre to absolve
s'accommoder to compromise
accorder to reconcile
accoupler to mate, join together
accueillir to receive (a visit)
acerbe sharp(ly)
achever to finish (off)
acier *m.* steel
acte *m.* act (instrument of royal power), document

action *f.* action (of drama)
s'adonner (à) to devote oneself (to)
s'adosser to lean against
adverse opposing
s'affaisser to collapse, sink
affirmer to state
affront *m.* insult, slight, indignity
affronter to confront, face
agacer to annoy, irritate
s'agenouiller to kneel
agiter to ring (bell)
agonisant *m.* dying (person)
ahuri dazed, stupefied
aigrir to embitter
ailleurs elsewhere; **d'**— moreover
air *m.* l'— **absent** with a distracted look

alferez (*Span.*) *m.* lieutenant

allégé relieved, freed

allégresse *f.* joy

alourdir to dull; **alourdi** dulled, spiritless

amateur *m.* — **d'âmes** fancier of men's souls

ambigu, ambigüe ambiguous

amener to induce, bring (to)

amer, amère bitter

analogue analogous, similar

angelus *m.* Angelus bell

anneau *m.* ring

s'annoncer to promise to be

annuler to void, annul

apaiser to calm

aplomado (*Span.*) dulled, spiritless

apparence *f.* **sacrifier aux —s** to make sacrifices for the sake of appearances

appartenir to belong

appel *m.* **faire — à** to appeal to

s'appliquer to apply

approche *f.* beginning

appui *m.* **prendre — sur** to lean

appuyer to support, press, emphasize

après: d' — according to

âpreté *f.* ruthlessness; harshness

à-propos: manquer d'— not to be to the point

apte (à) fitted (to), competent

archevêque *m.* archbishop

archiduc *m.* archduke

armure *f.* armor

arracher to tear out, snatch

arrière-plan *m.* upstage, background

assiéger to lay siege to

assister to attend, assist; **assisté de** attended by

s'attarder to dally

atteindre to attain, reach; wound, afflict

attendre to expect; **s'— à** to expect; **comme il fallait s'y —** as one might expect

attraper to catch

au-delà *see* **delà**

augmenter to increase

auparavant first

auprès (de) near

autant as much; **d'— plus que** more especially as

autel *m.* altar

authentifier to authenticate

autorité *f.*: **qui font — sur** authoritative

Autriche *f.* Austria

autrichien, autrichienne Austrian

autrui others

aventure *f.* **d'—** by chance

avertir to forewarn

aveu *m.* **faire l'—** to confess

aveugle blind

aveuglement *m.* blindness (*fig.*)

avis *m.* judgment, opinion

avouer to confess, admit

B

bafouer to scoff

baldaquin *m.* **lit à —** canopied bed

banderilla (*Span.*) a small dart with streamers

banderille *f.* see *banderilla*

banderillero (*Span.*) in the bull-ring, the man who thrusts *banderillas* into the bull's neck

se battre to fight

béatification *f.* beátification (*eccl.*)

bel: eut — et bien had fairly, surely

bénéfice *m.* benefit

bénit holy, consecrated

berner to ridicule; to deceive

bête *f.* —**s d'action** animals of action, very active people

biais *m.* indirect way

bien *m.* **faire du —** to do some good

bien-portant healthy

blanc: tirer à — to fire blank shells

blason *m.* coat of arms

blême cadaverous, pale

blesser to wound

blessure *f.* sore spot, wound

blondin *m.* fair-haired fellow, fop

bol *m.* bowl, basin; **— de terre** earthenware basin

bonhomme *m.* **petit —** little man (derogatory)

bonnement plainly

borne *f.* **sans —s** limitless

boue *f.* mud

bouffon *m.* jester, buffoon

bouger to move

bouleverser to upset

bourdonner to buzz

bourg *m.* village

bourrelet *m.* padding

bout *m.* **au — de tout** in final analysis

bouton *m.* button

branle-bas *m.* upheaval

bref *m.* papal brief

bride *f.* tie, cord

brimer to bully

se briser to break

brouhaha *m.* hubbub

brûlant burning (*fig.*)

brun brown

brutal, brutaux savage

Bruxelles Brussels

bulle *f.* papal bull

bure *f.* **robe de —** rough homespun cassock

but *m.* objective, goal

butte *f.* **en — à tous** exposed to everyone's ridicule

C

cabinet *m.* room, study

se cabrer to rear, buck, revolt

calquer: est calqué sur follows the design of

canaille *f.* rabble

caresser to flatter

carreau *m.* floor tile(s)

castillan Castilian

cauchemar *m.* nightmare

caudillo (*Span.*) leader

cause *f.* **mettre en —** to implicate

cauteleusement cautiously

cavalier *m.* horseman

se celer to keep secret

cellule *f.* (monk's) cell

censé supposed

cerné: avoir les yeux —s to have rings under the eyes

cerveau *m.* brain

cesse *f.* **sans —** unceasingly

ch . . . sh . . . (be quiet)

chaleur *f.* heat

chambrette *f.* little room

changer: — . . . contre to change
. . . for

chanoine *m.* canon (*eccl.*)

chantonner to sing softly

chanvre *m.* hemp

charge *f.* post, position; **être à
— à** to be a burden to

Charles-Quint Charles V

chauve-souris *f.* bat

chevalier *m.* knight

**cheviller: avoir le courage che-
villé au corps** to have (a)
courage hard to kill

chiffre *m.* **dans le —** in ciphers,
numbers

chimiquement chemically

chorus *m.* **faire —** to express
approval

chronique *f.* chronicle

chute *f.* fall

cierge *m.* candle

cilice *m.* hair shirt

circonstancié detailed

ciseaux *m. pl.* scissors

citer to quote

classer to file

clavicorde *m.* clavichord (musi-
cal instrument)

clef *f.* key

cloître *m.* monastery

cœur *m.* **de bon —** willingly;
en avoir le — net to get to the
bottom of it

coffre *m.* chest

coiffe *f.* coif

coiffé wearing (hat)

coincer to wedge

collégien *m.* schoolboy

collerette *f.* ruff

comble *m.* height; **au — de
l'exaltation** extremely elated

comédie *f.* drama

commode convenient

communier to partake of the
sacrament

comparaître: faire — devant to
have (someone) appear be-
fore

complaisance *f.* kindness

comploter to plot (against)

composer to invent, create

compte *m.* financial account(s);
en fin de — ultimately; **rendre
—** to report (back)

conducteur *m.* leader, guide

conduire to conduct

se confesser to confess

conforme (à) corresponding (to)

confrérie *f.* brotherhood (*eccl.*)

congédier to dismiss

conjointement conjointly

conjurer to beg, entreat

connaissance *f.* **perdre —** to
faint

connaître: — par cœur to know
by heart

conquis *p. p.* of **conquérir**

conseil *m.* council; **demander —
(à)** to ask for advice (of someone)

conservateur *m.* librarian, cura-
tor

consigner to record

constater to state

contemporain *m.* contemporary

contester to dispute

continûment continuously

contraindre to restrain

contraire *m.* opposite

contrarier to annoy

contremander to cancel, call off

convenablement suitably

convertir to convert

corbeille *f.* basket

corde *f.* cord, rope; **instrument à —s** stringed instrument

cordon *m.* rope belt (monk's garb)

cordonnier *m.* shoemaker

Cordoue *f.* city of Córdoba (Spain)

cornée *f.* cornea

corps *m.* military unit

corrida (*Span.*) **— d'un taureau** bullfight

Cortès (*Span.*) Spanish governing body

couchette *f.* cot, pallet

couloir *m.* corridor

coup *m.* **à — sûr** with guarantee of success; **à —s de capes** with maneuvering of capes (bullring); **— de couteau** knife thrust; **— d'épée** sword thrust; **—s de piques** thrusts of the *banderillas* into the bull; **— de sang à la tête** apoplectic fit; **[entrer] en — de vent** to burst into the room; **rendre le —** to return (it); **le — est porté** the thrust is made; **quelque bon —** for a good long while; **tout d'un —** suddenly; **un — d'arrêt** a blow bringing to a standstill, a shock

courage *m.* virtue

courant *m.* **mettre au —** to acqaint; **il est — que** it is common knowledge that, it often happens that

courber to bend (to someone's will)

couronne *f.* crown

cours *m.* **donner libre — à sa colère** to vent one's anger

course *f.* bullfight

courtisan *m.* courtier

cousu sewn (*p. p.* of *coudre*)

couvent *m.* monastery, convent

couverture *f.* cover

crachat *m.* spit

craintif, craintive timid

crâne *m.* skull

crapaud *m.* toad

crasseux, crasseuse filthy

créance *f.* **lettre de —** credentials

creuser to dig

crever: — de faim to starve

cribler to riddle

crise *f.* crisis

crisper to clench; **se —** to become wrinkled

critique *m.* critic

crochet *m.* bracket

croisade *f.* crusade

croupir to wallow

cruauté *f.* cruelty

D

dalle *f.* flooring tile

dame *f.* **— d'honneur** lady-in-waiting

davantage further, more

se débarrasser (de) to extricate oneself, get rid of

se débattre to struggle

debout standing

déboutonner to unbutton

se débrouiller to get along, manage

déchéance *f.* downfall

déchirer to tear to pieces, tear to shreds; **se —** to tear

décombres *m. pl.* debris

déconvenue *f.* disappointment

découvert exposed

dédaigner to scorn, disdain

dédain *m.* scorn, disdain

défaillance *f.* **— de cœur** heart failure; **avoir une —** to faint

défaillir to weaken

se défaire to disintegrate

défaut *m.* fault, weakness

déférer to hand over

se défier to mistrust

degré *m.* **au dernier —** absolutely

dehors: au — outside

delà: au — beyond

délices *f. pl.* **faire ses —** to delight in

démence *f.* madness

démenti *m.* contradiction

démentir to contradict, give the lie to

se démettre to retire

dénigrer to disparage, run down

dénouer to unravel, untangle

dénudé barren

dénué: geste — de sens meaningless gesture

dépecer to dismember

dépêche *f.* despatch, letter

dépeindre to depict, portray

dépense *f.* expense

dérision *f.* mockery

se dérober to escape, slip away

désemparé distressed

déséquilibrer to unbalance

désigner to point to

désintéressement *m.* indifference

se désintéresser to take no interest

désormais from now on

dessein *m.* design, scheme

se détourner to turn away (from)

détruire to destroy

dette *f.* liability

devant *m.* downstage

devise *f.* motto

dévoiler to disclose

devoir *m.* duty

diacre *m.* deacon

diriger to direct, guide

discuter to argue

don *m.* gift

donner: — tête baissée to run into . . . head on (with head lowered)

dorénavant henceforth

dossier *m.* back; file, record; **fauteuil à — droit** armchair with upright back

dot *f.* dowry

doublon *m.* **—s d'or** gold doubloons (worth 16 pieces of eight)

doucher to throw water on (*fig.*)

douter: on s'en doute one can well imagine

dramaturge *m.* dramatist

drap *m.* cloth

dresser to inform, break in

droiture *f.* straightforwardness

duc d'Albe Duke of Alba

dur *m.* **un —** a severe man

dureté *f.* severity, harshness, callousness

E

ébaucher to do something faintly (with little definition)

ébranler to shake

écart *m.* **à l'—** to one side; **se tenir à l'— de** to keep aloof from

écarter to thrust aside; **s'—** to move away

ecclésiastique *m.* a member of the clergy

échapper (à) to escape (from)

échec *m.* failure

échiquier *m.* chessboard

éclairer to lighten; **s'—** to light up

éclatant dazzling, brilliant

écœurer to disgust

écorcher to grate on the nerves

écrasement *m.* defeat

écraser to crush

écriture·*f.* handwriting

s'écrouler to crumble, collapse, fall

édifier to build

édulcorer to sweeten

efficacité *f.* efficacy

effleurer to touch (lightly)

effondrement *m.* collapse

s'effondrer to break down, to subside

s'efforcer to strive, do one's utmost

égard *m.* consideration; **sur les —s** on matters of protocol

s'égarer to wander

égratigné scratched

égratignure *f.* scratch

s'élever to rise (in rank)

émacié emaciated

s'embarquer to embark

embrasser to embrace

s'embrouiller to become confused

emmener to take (someone)

s'emparer to seize, lay hold of

empoisonner to poison

emporter: le diable emporte . . . ! the devil with . . . !; **l'— sur** to prevail

emprunter (à) to borrow (from)

encore: — qu'on they still

endroit *m.* place

enfanter to give birth

enfer *m.* hell

enfermer: — à clef to lock (up); **s'—** to lock oneself

enfouir to bury

enfourner to undertake

s'enfuir to flee, run off

engloutir to engulf

s'engouffrer to be engulfed

enivrant: nouvelle —e exciting news

enivrer to exalt, intoxicate

enlacer twist tightly around

enquête *f.* inquiry

enrôler to recruit

ensemble at one and the same time

enterrer to bury, put in the grave

entier: en — as a whole

entour *m.* **aux —s** around

entouré surrounded

entourer to surround, encircle

entraîner to carry away; to drag (*fig.*)

entraver to hinder, hamper

entrebâillé partly opened

entreprendre to undertake

entreprise *f.* venture, undertaking

s'entretenir to converse

entretien *m.* conversation, interview

entr'ouvert partly open

environ about

épargner to spare

épine *f.* thorn

épingle *f.* pin

épouse *f.* wife

épouvanter to terrify

époux *m.* husband

épreuve *f.* test

éprouver to put to the test; — **un malaise** to feel ill at ease

épuisé worn out

escroc *m.* swindler

espèce *f.* **sous les —s de** in the guise of

espérer to expect, wait for

espion *m.* spy

esquisser: — la révérence to make a slight bow

essuyer to wipe

estrade *f.* dais, platform

étaler to spread out, display; **s'—** to (be) spread out

éteindre to snuff out, extinguish; **s'—** to be snuffed out

éteint faint

étendre to stretch out, extend; **s'—** to lie down

étendu extensive

étonnant astonishing

étonnement *m.* astonishment

étouffer to smother, suffocate

étourdir to stun, daze, tire out

étranger, étrangère irrelevant, foreign

étreindre to clutch, grasp

évidence *f.* **de toute —** apparently

exaltation *f.* elation

exiger to demand

expédier to dispose of

expéditif, expéditive expeditious

F

fâcheux, facheuse annoying

façon *f.* **à sa —** in his own way

faire: tout se fait all (dramatic) action takes place; **— merveille** to do wonders; **— (des) prisonniers** to take prisoners

fait *m.* fact

fandango (*Span.*) fandango (dance)

farouche cruel, tyrannical

fatal inevitable

fausser to make false, make hollow

faute *f.* **— de** for lack of

fautif, fautive offending

fauve *m.* wild animal

feindre to pretend

feinte *f.* feint

fer *m.* iron

ferme steadfast

férocement savagely

fétu *m.* straw

feu: la —e reine Isabelle the late Queen Isabella

feu *m.* passion(s) (*fig.*); **mettre le —** to set fire

fichu *m.* shawl

fier, fière proud(ly)

fièvre *f.* **avec —** tense, upset

fin: oreille —e acute hearing

fin *f.* **mettre — à** to terminate

flamand Flemish

flambeau *m.* torch

Flandres *f. pl.* Flanders

fléau *m.* scourge

fléchir: — le genou to bend (one's) knee

flotte *f.* fleet

foi *f.* faith

fois *f.* time; **maintes —** very often, frequently

fond *m.* upstage (theater); bottom

se fondre to melt, weaken

fonds *m.* **faire peu de —** to attribute little value

forme *f.* **dans toutes les —s** in proper form

formule *f.* formula, phrasing

fortement very much

fougue *f.* spirit

fourberie *f.* double-dealing

fournir to provide

fourrier *m.* officer responsible for food and housing

foyer *m.* home, house

frais *m. pl.* expense(s)

franchement frankly

franciscain *m.* monk of the Order of Franciscans

franc-parler: avoir son — to speak one's mind

frayeur *f.* dread, fear

frémir to shudder

frémissement *m.* trembling

fuite *f.* flight

fumée *f.* smoke, fumes

fur: au — et à mesure que in proportion as

G

galère *f.* galley

gamin *m.* youngster (derogatory)

garder to keep, retain; **se — de** to take care not to

gare: — à nous let us be careful

garrison *f.* (military) garrison

géant *m.* giant

gêner to bother

genre *m.* sort

gentilhomme *m.* **— de la chambre** gentleman-in-waiting

gifler to slap

gisant *m.* recumbant figure (effigy) on a tomb

gorge *f.* throat

goutte *f.* **une —** a bit

grâce *f.* **de —!** for pity's sake! **en grande —** most humbly; **rendre —s** to give thanks

grand *m.* Spanish grandee

grandir to grow

gravat *m.* rubbish

gré *m.* **au — du hasard** at the mercy of chance

grêle high-pitched

Grenade Granada

grille *f.* iron grill

gris gray

grossier, grossière coarse

grossièreté *f.* coarseness, vulgarity

guérir to cure

H

habité: —**s par une visible émotion** visibly moved
haine *f.* hate, hatred
haineux, haineuse full of hatred
hasard *m.* **au** — at random
hausser to shrug
hébété bewildered, dazed
hennir to neigh
hérissé bristling
héritier *m.* heir
se hisser to raise oneself
historiette *f.* short (unclassified) tale
hostie *f.* host (*eccl.*)
humecter to moisten
hurler to howl

I

ici-bas here below
idolâtrer to idolize
ignorer not to know, not to be aware of
imperturbable unruffled
impitoyable ruthless, merciless
impôt *m.* tax
s'imprégner to become saturated
impuissant impotent
impunément with impunity
imputer to attribute
inassouvi unsated
incarné: — **par** manifested in
s'incruster to become encrusted; become involved
Indes *f. pl.* the Indies (Spanish territories in the Americas)
indigné indignant
indigner to make indignant

inéluctable inescapable
infante *f.* Infanta (Spanish crown princess)
infime minute
infliger to inflict
influer to have an influence on
in-folio volume
inoubliable unforgettable
inouï extraordinary
s'inquiéter to worry
Inquisiteur *m.* **Grand** — Grand Inquisitor (*eccl.*)
inscrire to write down
insensé foolish, meaningless
insensibilité *f.* insensitivity, indifference
insensible imperceptible
interdire to forbid
interdit surprised, taken aback
intermède *m.* intermediary, interlude
invraisemblable improbable
s'irradier to light up
issue *f.* **il n'y a plus d'**— there is no longer a way out

J

jaillir to move quickly, bound
jalouser to envy
jaloux, jalouse jealous
jeu *m.* maneuver, manipulation
juste: au — exactly
justesse *f.* appropriateness

L

lâche *m.* coward
lâcher to let go, release
laïc *m.* layman

lecture *f.* reading

ledit the aforesaid (legal)

lénifiant: sous un aspect — in a benign way

lettré *m.* man of letters, scholar

levantado (*Span.*) standing

lever *m.* **au** — **du rideau** as the curtain rises

levrette *f.* greyhound

librairie *f.* **publication en** — publication in book form

licencié *m.* **Monsieur le Licencié** Mister Licentiate (derogatory)

lien *m.* link

lier to bind

linge *m.* —**s bénits** vestments

long: tout le — **de** all during

longer to skirt, walk along

loque *f.* rag

louer to praise

loup *m.* **à pas de** — stealthily

lubie *f.* whim

lumière *f.* **être une** — to be brilliant, intelligent

lutter to struggle

M

maintes many; — **fois** many times

mal *m.* — **de mer** seasickness; **au plus** — dangerously ill

maladresse *f.* **par** — through clumsiness

maladroit awkward, clumsy, ineffectual

malignité *f.* spitefulness

manche *f.* sleeve

manie *f.* mania, obsession

maniement *m.* control, handling

manier to control, handle

mannequin *m.* effigy

manque *m.* lack

manquer: — **d'à-propos** not to be to the point

marche *f.* step

marcher: — **de long en large** to walk back and forth

marée *f.* tide

marquer to record, note

se masser to form a crowd

mat checkmated

mater to bring to heel, conquer; checkmate; dominate

maure Moorish

méchanceté *f.* spitefulness

méconnaître not to appreciate

se méfier to beware

mélange *m.* mingling, blending

se mêler to blend; — **à** to become involved with

même: à — **le sol** (right) on the ground; **de** — in the same way (stage business); **je ne suis** — **que cela** I am only that

menacer to threaten

mener to lead

menton *m.* chin

mépriser to scorn

mercenaire *m.* mercenary (soldier)

mésestimer to underestimate

mesquin petty, shabby

messe *f.* mass (*eccl.*)

mesure *f.* bound, limit; **à** — **que** in proportion as; **dans quelle** — to what extent

mettre: — **en pièces** break into pieces; **se** — **(à)** to begin (to); **se** — **en tête** to get the notion

mielleux, mielleuse mellifluous(ly)

mine *f.* expression; **faire — de** to make as if to

minute *f.* draft

minutieux, minutieuse minute, detailed

mobile *m.* motivating force

modéré moderate, reasonable

moindre slightest

moinillon *m.* young monk (derogatory)

moins *m.* **du —** at least; **(pas) le — du monde** (not) in the least

moisissure *f.* **sentir la —** to smell musty

Monseigneur *m.* Eminence (*eccl.*)

morose gloomy

mort *m.* **faire le —** to consider oneself dead, to play dead

mortel, mortelle mortal, deadly

mouche *f.* fly; **marcher à pas de — to** walk silently

moulin *m.* mill

mourir: être pour — to be at the point of death

mozette *f.* cape

mule *f.* mule

muleta (*Span.*) cape (used by *matador*)

mystique *m.* mystic; mystique

N

nadisme *m.* nadaism (from Span. *nada*, nothing)

naguère a short time ago

nain *m.* dwarf

naissance *f.* **avoir peu de —** to be lowborn

nappe *f.* tablecloth

narguer to defy insolently

natte *f.* matting

naturel *m.* **avec un parfait —** in a natural sort of way

naufrage *m.* shipwreck

néant *m.* nothingness, the void

net, nette clear(ly)

nettement clearly

neveu *m.* nephew; **petit-neveu** grandnephew

nez *m.* **— à —** face to face

nier to deny

nom *m.* **— de terre** family name, surname; **en mon — propre** under my own name

non: que —! not at all!

notaire *m.* notary

notoire well-known, common knowledge

nourriture *f.* food

se noyer to drown

nuque *f.* neck

O

obéissant obedient

obsédé obsessed

obséquieux, obséquieuse obsequious

ombre *f.* shadow

ongle *m.* fingernail

or now; **— ça** now, then

oraison *f.* prayer; **— funèbre** funeral oration

Oran coastal city in Algeria

ordonner to order, command

ordre *m.* **— d'arrêt** arrest warrant

ordres *m. pl.* holy orders

ordurière filthy

oreiller *m.* pillow

orfèvrerie *f.* gold work

orgueil *m.* pride, arrogance

orgueilleux, orgueilleuse arrogant

oriflamme *f.* royal banner

osciller to oscillate

oser to dare

oubli *m.* oblivion

oubliette *f.* dungeon

ouf! whew!

outrager to insult

outre except for; — **mesure** inordinately

P

page *m.* page (boy)

païen *m.* pagan

palais *m.* — **de Conseil** government palace

palper to feel

pan *m.* section (of structure)

paon *m.* peacock

par: — **là même** consequently, thus

parade *f.* **lit de** — bed for lying in state

parado (*Span.*) stopped

parent *m.* relative

pari *m.* wager, bet

parier to wager, bet

part *f.* facet (of character)

parti *m.* faction

partie *f.* cause

partir: à — **de** from

parvenir: — **à** to carry off well, manage; arrive

pas *m.* **à** — **de chat** with great care

passer to play a role; pass on (die); **se** — **de** to do without; **il peut s'être passé** it may have happened

patienter to be patient

patte *f.* paw, claw

paupière *f.* eyelid

peau *f.* skin

péché *m.* sin

pécher to sin

pègre *f.* thieves, the thieving mob

se pelotonner to draw oneself in

pendant *m.* **se faire** — to match each other; be alike

pendre: pendu la tête en bas, hanging head down (by the heels)

pénétrer to catch on; enter

percer to pierce

perdre: — **son crédit** to lose one's influence

perroquet *m.* parrot

personnage *m.* character (in play)

peser to weigh; weigh (with responsibility)

petit trivial; **petit-neveu** *m.* grandnephew

petitesse *f.* pettiness

pièce *f.* room; — **d'entrée** entryway, entrance foyer

pierreries *f. pl.* precious stones

piétiner to trample

pieux, pieuse pious, religious

pique *f.* ill-feeling; *banderilla* (*Span.*) a small dart with streamers plunged into the bull's neck to enrage it

piquer to prick

pitié *f.* **prendre en —** to pity

place *f.* place; **— forte** stronghold; **en —** here (at court)

plaie *f.* wound

plaindre to pity; **se — (de)** to complain (of)

plain-pied: de — on the same level

plaisant amusing

plaisanter to joke, jest

plat *m.* plate (of food); **— garni** main course

plat: à — flat

pli *m.* letter

plomb *m.* lead

poids *m.* **de —** important

poil *m.* hair

poing *m.* fist

point *m.* **à ce —** to this remarkable degree; **à —** appropriately

politique: (homme) — politician, political mind

portée *f.* **à — (de)** within reach; **sans —** meaningless

portefeuille *m.* document case

porter: — sur to apply to; **est porté à** tends to

possession *f.* **— diabolique** possessed by the devil

pou *m.* louse

pouls *m.* pulse

pourpoint *f.* doublet (court dress)

pourpre *m.* crimson

poursuivre to pursue

pourvu que provided that

pousser to give off

poussière *f.* dust

pouvoir *m.* power; **les pleins —s** complete authority

précisément exactly

prendre: — des airs supérieurs to act supercilious; **— la parole** to begin to speak; **se — (avec)** to yearn for; **s'y —** to begin to speak

présence *f.* **une —** a person in my presence

pressentir to know beforehand

prétendre to claim

prétendu alleged

prêtre *m.* priest

prévenir to warn, forestall

prévoir: à — foreseeable

primat *m.* primate (*eccl.*)

principe *m.* **en —** as a rule, usually

procès *m.* case (of beatification) before a church tribunal; lawsuit

propos *m.* word, remark; **à tout —** in any connection, willynilly; **hors de —** in an irrelevant way

propre *m.* characteristic

protocole *m.* ceremonial

puce *f.* flea

puérilité *f.* childishness

puissance *f.* power; **la Puissance des Ténèbres** Power of Darkness (devil)

puntillero (*Span.*) bullfighter who kills the bull

Q

quasiment almost

quiconque anyone, whoever

quoi: à — bon? for what purpose?; **— qu'il en soit** however that may be

R

rabâchage *m.* wearisome reiteration

raccommoder to mend

se raccrocher to clutch (onto something)

racheter to redeem

racine *f.* root

rajeunir to rejuvenate

ramener: — au profond to make (someone) serious

rancune *f.* malice, resentment; **par —** out of spite

rangée *f.* shelf

rappeler (à) to remind (someone)

rapetisser to shrink

raser to raze

rasséréner to brighten

ratatiner to shrivel

raté failed

rattraper to recapture

ravir to steal

rayonner to shine, radiate

réagir to react

rebord *m.* edge

récit *m.* account

réclusion *f.* seclusion

réconfortant stimulating, exciting

reconnaissance *f.* gratitude, good will

recoudre to sew back on

recourir to have recourse

recours *m.* **avoir — à** to have recourse to, turn to

recroquevillé: — sur lui-même crumpled up

reculer to withdraw, step back

reculons: à — walking backwards

se récuser to decline

redoutable formidable, to be feared

se redresser to draw (oneself) up

réduire to reduce

réduit *m.* retreat

reflet *m.* reflection, image

refluer to move back

régler to settle

règne *m.* reign

se réjouir to enjoy

relever to pick up, note; **se —** to get up

religieuse *f.* nun, religious

remettre to postpone; **— une lettre** to deliver a letter; **se —** to recover; **se — en marche** to go on

remonter to go back up again; wind up

remontrance *f.* **faire des —s à** to remonstrate with

renchérir to outdo

rendre: rendus vains made useless; **se — (à)** to yield to

renverser to overturn

répétition *f.* rehearsal

réplique *f.* remark, response

répondre: — de to answer for

se reporter (à) to refer to

reposer to put down

se reprendre to recover

représentation *f.* performance (of drama)

réprimer to suppress

reprise *f.* **à plusieurs —s** on several occasions

requête *f.* request

respirer to breathe

ressemeller to repair the soles, resole

ressortir to be evident

ressource *f.* expedient

retenir to delay, retain

retentissement *m.* repercussion

retirer to withdraw; **— à** to withdraw from

retourner to give quite a turn; **se —** to turn against, backfire, turn around

retrait, *m.* **en —** standing back, behind

retraite *f.* retreat

retranché entrenched

rétributeur *m.* **Dieu —** God of retribution

se retrouver: s'y — to get things straightened out

réussir to successfully bring about; **— quelque chose** to make something succeed

réussite *f.* success

révérendissime most reverend

rhume *m.* **— de cerveau** head cold

ricaner to sneer

riche rare, extraordinary

ridicule *m.* **le —** the absurd; **—s** ridiculous ways

rigoureux, rigoureuse hard, harsh

rivage *m.* shore

rougir to blush

R. P. (Révérend Père) Reverend Father (*eccl.*)

rudement coarsely

rugissement *m.* roaring

rut *m.* **en —** in heat

S

sable *m.* sand

sacerdotal, sacerdotaux priestly

sagesse *f.* wisdom

saint holy; **le Saint-Siège** the Holy See

saisissement *m.* **avec --** shocked

salir to soil

sauf, sauve saved

savoir: — gré to be grateful; **que je sache** as far as I know

savoir *m.* (worldly) knowledge, learning

sceau *m.* seal

séance *f.* **— tenante** immediately

sèchement curtly

seigneurie *f.* lordship

semer to spread

sens *m.* opinion, point of view

sensible sensitive

sentiment *m.* feeling, sense

serré: tenant les lèvres —es tightening his lips

serviette *f.* napkin

serviteur *m.* servant

sévices *m. pl.* brutality

seyait (from *seoir*) suited, became, befitted

sieur *m.* title (of nobility)

simplicité *f.* artlessness

singe *m.* monkey (*fig.*), imitator

singularité *f.* eccentricity

singulièrement in a very uncommon way

sinon but, except

soie *f.* silk
solide sound, substantial
sombrer to be destroyed
somme *m.* nap
sommeil *m.* en — sleeping
somnoler to doze
son *m.* sound
songe *m.* dream
songer to think, muse upon
sonner to ring
sonnerie *f.* ringing
sonnette *f.* small bell
sort *m.* lot, fate
sot *m.* idiot; **demi-sot** *m.* half-wit
soudain suddenly
souffle *m.* breath
souffler to blow; — **le chaud et le froid** to blow hot and cold, to be alternately pro and con
souffrance *f.* suffering
souffrant ill
souhaitable desirable
soulager to assuage grief
soulever to stir up, arouse; lift; **se** — to rise up
soumis obedient
soupirer to sigh
sourdine *f.* en — in secret
soutane *f.* cassock
soutenir to hold onto; support
stupéfait astonished
subalterne *m.* underling
subir to undergo
suffrage *m.* acclamation
supplice *m.* torture
supprimer to suppress, do away with
sûreté *f.* en — safe
surgir: faire — to call forth

surmonter to rise above
surnom *m.* name
surnommer to call (familiarly)
surplus *m.* au — besides
sursauter to be startled
surveiller to watch over
susceptible (de) likely (to)

T

tabouret *m.* stool
taille *f.* waist
taire: faire — to silence
tandis que while
tanière *f.* lair
tant: de — **et** — so many
tantôt a moment ago; — . . . — sometimes . . . sometimes
tapisserie *f.* hanging, tapestry
tard: sur le — late in life
tarder to be late
taureau *m.* bull
taurin of the corrida, of bull-fighting, taurine
tauroctone of the corrida
tauromachie *f.* bullfighting
teint *m.* complexion
témoigner to assure; testify
témoin *m.* witness
tempe *f.* temple; **les** —**s** forehead, temples
temps *m.* **ces temps-ci** recently
tendancieux, tendancieuse tendentious
tendre *m.* **un** — a tender-hearted man (antonym: **un dur**)
tendre to hold; — **la main** hold out one's hand
tendu strained; — **de noir** hung in black

ténèbres *f. pl.* darkness

tenir: — beaucoup à to hold in high esteem; **— compte** to take into account; **être tenu pour** to be considered; **tenez-vous** get hold of yourself

tentation *f.* temptation

tenter to tempt; **— (de)** to try, attempt to

tenue *f.* dress; **— cardinalice** cardinal's vestments; **en petite —** in informal vestments

tercio (*Span.*) third

terre *f.* **mettre un genou en —** to kneel

testament *m.* will

tête *f.* **tenir — à tous** to brave the world

théologal relating to theology

théologique theological

tiers *m.* third

tiroir *m.* drawer

Titien Titian (painter)

titre *m.* **à ces deux —s** with these two qualifications

tituber to reel, lurch

toison *f.* hair

Tolède Toledo

tombée *f.* **à la — de la nuit** at nightfall

tomber: il tombe bien he is coming at the right moment

tonalité *f.* **être dans une —** to have the tonal quality

se tordre to writhe

toucher to move, affect

tour *m.* turn; **à double —** behind double-locked doors

tournoyer to turn around (and around)

tout *m.* **elle est le —** she is all, everything

tracas *m.* bother, trouble

trahir to betray

trahison *f.* treachery, treason

train *m.* **— de vie** way of life

traîner to drag

trait *m.* stroke

traîtrise *f.* treachery

tranchant sharp, peremptory

tranché clear-cut

transpercer to transfix

traquenard *m.* pitfall, trap

travers: à — through

traverse *f.* obstacle(s)

traverser to cross

tripes *f. pl.* intestines, guts; **les — sortantes** his guts sticking out; **m'enfouir le visage dans ses —** bury my face in his guts

tripoter to fiddle with

tromper to deceive; **se — sur eux-mêmes** to be mistaken concerning themselves

trouble *m.* **mettre dans un —** to trouble, to cause disquiet

truite *f.* trout

tueur *m.* killer

U

usage *m.* **d'—** customary

user to wear out, use up; **— de** to make use of; **s'—** to be beyond recall

V

vaciller to stagger

vaillance *f.* valor, courage

valeureux, valeureuse valiant

se vanter to boast

vau-l'eau: à — downstream, downhill (*fig.*)

veille *f.* **à la —** on the threshold

vent *m.* **avoir — de** to get wind of

ventre *m.* belly; **le — ouvert** with his belly slit open

venue *f.* arrival

verdeur *f.* vitality, vigor (of old man)

vertu *f.* virtue

vétusté *f.* decay

veuve *f.* widow

vicaire *m.* **grand —** Vicar General

vide *m.* emptiness, nothingness

vivat *m.* viva, hurrah

voie *f.* **la — des armes** military career

se voiler to veil one's face

voire indeed, in truth

voix *f.* **— blanche** toneless voice

voleter to flutter

volonté *f.* will, force, power

vouloir: — du mal à to want to harm

voyant: couleur —e garish color

vraisemblance *f.* verisimilitude

vue *f.* **en — de** because of

Bibliography

I. Montherlant's Major Works

Plays:

L'Exil. Paris: Editions du Capitole, 1929.
Pasiphaé. Tunis: Editions des Cahiers de Barbarie, 1936.
La Reine morte. Paris: Henri Lefebvre, 1942.
Fils de personne. Paris: Gallimard, 1944.
Un Incompris. Paris: Gallimard, 1944.
Malatesta. Lausanne: Marguerat, 1946.
Le Maître de Santiago. Paris: Gallimard, 1947.
Demain il fera jour. Paris: Gallimard, 1949.
Celles qu'on prend dans ses bras. Paris: Editions Dominique Wapler, 1950.
La Ville dont le prince est un enfant. Paris: Gallimard, 1951.
Port-Royal. Paris: Henri Lefebvre, 1954.
Brocéliande. Paris: Gallimard, 1956.
Don Juan. Paris: Gallimard, 1958.
Le Cardinal d'Espagne. Paris: Gallimard, 1960.
La Guerre civile. Paris: Gallimard, 1965.

(All but the last four plays are contained in *Théâtre.* Bibliothèque de la Pléiade. Paris: Gallimard, 1958.)

Novels:

Le Songe. Paris: Grasset, 1922.*
Les Bestiaires. Paris: Mornay, 1926.*
Les Célibataires. Paris: Grasset, 1934.*
Les Jeunes Filles (tetralogy)*:
　　Les Jeunes Filles. Paris: Grasset, 1936.
　　Pitié pour les Femmes. Paris: Grasset, 1936.
　　Le Démon du bien. Paris: Grasset, 1937.
　　Les Lépreuses. Paris: Grasset, 1939.
Le Chaos et la nuit. Paris: Gallimard, 1963.
La Rose de Sable. Paris: Gallimard, 1968.
Les Garçons. Paris: Gallimard, 1969.

Historiettes; Unclassified Writings:
　Les Olympiques:*
　　Première Olympique: Le Paradis à l'ombre des épées. Paris:
　　　Grasset, 1924.
　　Deuxième Olympique: Les Onze devant la porte dorée.
　　　Paris: Grasset, 1924.
　La Petite Infante de Castille. Paris: Grasset, 1929.*
　L'Histoire d'amour de "La Rose de Sable." Paris: Editions des
　　Deux-Rives, 1954.

(Works marked * are included in *Romans et œuvres de fiction
non théâtrales.* Bibliothèque de la Pléiade. Paris: Gallimard,
1959.)

Essays:

　La Relève du matin. Paris: Société littéraire de France, 1920.
　Chant funèbre pour les morts de Verdun. Paris: Grasset,
　　1924.
　Aux fontaines du désir. Paris: Grasset, 1927.
　Mors et vita. Paris: Grasset, 1932.

Service inutile. Paris: Grasset, 1935.

L'Equinoxe de septembre. Paris: Grasset, 1938.

Le Solstice de juin. Paris: Grasset, 1941.

Un Voyageur solitaire est un diable. Paris: Henri Lefebvre, 1945.

Textes sous une occupation. Paris: Gallimard, 1953.

(All essays are collected in *Essais.* Bibliothèque de la Pléiade. Paris: Gallimard, 1963.)

Carnets:

Carnets XXIX-XXXV (19 février 1935–11 janvier 1939). Paris: La Table Ronde, 1947.

Carnets XLII-XLIII (1ᵉʳ janvier 1942–31 décembre 1943). Paris: La Table Ronde, 1948.

Carnets XXII-XXVIII (23 avril 1932–22 novembre 1934). Paris: La Table Ronde, 1955.

Carnets XIX-XXI (19 septembre 1930–26 avril 1932). Paris: La Table Ronde, 1956.

Va jouer avec cette poussière (Carnets 1958–1964). Paris: Gallimard, 1966.

(All *Carnets,* save the last, are included in *Essais.* Bibliothèque de la Pléiade. Paris: Gallimard, 1963.)

Poetry:

Encore un instant de bonheur. Paris: Grasset, 1934. (Contained in *Romans et œuvres de fiction non théâtrales.* Bibliothèque de la Pléiade. Paris: Gallimard, 1959.)

II. Selected Critical Works on Montherlant

Datain, Jean. *Montherlant et l'héritage de la Renaissance.* Paris: Amiot-Dumont, 1956.

Faure-Biguet, J.–F. *Montherlant homme de la Renaissance.* Paris: Plon, 1925.

Guicharnaud, Jacques. *Modern French Theater from Girau-doux to Beckett.* New Haven: Yale University Press, 1961.

Johnson, Robert B. *Henry de Montherlant.* New York: Twayne Publishers, 1968.

Laprade, Jacques de. *Le Théâtre de Montherlant.* Paris: La Jeune Parque, 1950.

Mohrt, Michel. *Montherlant "homme libre."* Paris: Gallimard, 1943.

Perruchot, Henri. *Montherlant.* Paris: Gallimard, 1959.

————. *La Haine des masques.* Paris: La Table Ronde, 1955.

Simon, Pierre-Henri. *Procès du héros.* Paris: Editions du Seuil, 1950.

Sipriot, Pierre. *Montherlant par lui-même.* Paris: Editions du Seuil, 1963.

III. Historical References

Elliott, J. H. *Imperial Spain, 1469–1716.* New York: St. Martin's Press, 1964.

An especially valuable and highly readable account of the imperial period, with attention paid to all aspects of Spanish life. This work contains, in addition to good maps and charts, a selected critical bibliography.

López de Toro, José. *Perfiles humanos de Cisneros* (*Trayectoria de una biografía*). Madrid: Real Academia de la Historia, 1958.

Contains reception address of Fr. López de Toro and answer by Gregorio Marañón. This work offers an especially clear analysis of the many contradictions of Cisneros' character.